75-
AF866076

MÜNCHENER BEITRÄGE
ZUR PAPYRUSFORSCHUNG UND
ANTIKEN RECHTSGESCHICHTE

BEGRÜNDET VON LEOPOLD WENGER

In Verbindung mit H. Petschow, E. Seidl und H. J. Wolff
herausgegeben von
Wolfgang Kunkel, Hermann Bengtson und Erich Gerner

57. Heft

STUDIEN ZUR QUITTUNG IM RECHT DER GRAECO-ÄGYPTISCHEN PAPYRI

VON

HANS-ALBERT RUPPRECHT

C. H. BECK'SCHE VERLAGSBUCHHANDLUNG

MÜNCHEN 1971

ISBN 3 406 00657 4

© C. H. Beck'sche Verlagsbuchhandlung (Oscar Beck) München 1971
Als Habilitationsschrift auf Empfehlung der Juristischen Fakultät
der Universität München gedruckt
mit Unterstützung der Deutschen Forschungsgemeinschaft.

Druck: Walter Pieper, Würzburg
Printed in Germany

MEINER FRAU

VORWORT

Die Arbeit lag im Sommersemester 1969 der Juristischen Fakultät der Ludwigs-Maximilians-Universität in München als Habilitationsschrift vor. Sie wurde für den Druck nur unwesentlich abgeändert.

Aufrichtigen Dank habe ich meinen Münchener Lehrern zu sagen, insbesondere Herrn Prof. Dr. Wolfgang Kunkel und Herrn Prof. Dr. Erich Gerner. Ersterer führte mich in die Rechtsgeschichte und das Römische Recht ein, letzterem verdanke ich weithin die Förderung im griechischen Recht, beide haben mich bei der Anfertigung dieser Untersuchung großzügig unterstützt. Herrn Prof. Dr. Johannes Herrmann, Erlangen, gebührt der Dank des Anfängers, den er in seinen Seminaren zuerst mit der Welt der Papyri vertraut machte.

Den Herausgebern bin ich für die Aufnahme der Arbeit in die Reihe der „Münchener Beiträge zur Papyrusforschung" verbunden.

Das Manuskipt wurde im Sommer 1970 abgeschlossen. Seitdem erschienene Literatur und Urkundeneditionen konnten nur zum Teil noch in den Fußnoten berücksichtigt werden.

Herrn stud. iur. Jochen Büsch danke ich für die Unterstützung bei der Korrektur.

Der Deutschen Forschungsgemeinschaft bin ich für die Gewährung eines Druckkostenzuschusses zu Dank verpflichtet.

Marburg, im Dezember 1970 *Hans-Albert Rupprecht*

INHALTSVERZEICHNIS

VORBEMERKUNG

Das Erscheinen von J. PARTSCHS, Griechisches Bürgschaftsrecht[1] bedeutete für die Erforschung des griechischen Schuldrechts eine erste Abkehr von den romanistisch-pandektistischen Vorstellungen, unter denen sie bis dahin betrieben worden war. Die Erkenntnis des unabhängigen und gegenüber dem römischen Recht eigenständigen Charakters des griechischen Rechts wurde in der Folgezeit weiter vertieft. In den letzten Jahren ist eine Reihe von Monographien zum griechischen Schuldrecht erschienen, die den Aufbau der Urkunden und die Ausgestaltung des Vertragstyps, sowie die tatsächlichen Grundlagen der einzelnen Geschäftsarten klärten.[2] Ein weiteres Eingehen auf einzelne Geschäftsarten des Schuldrechts scheint für die nächste Zukunft keine neuen Ergebnisse mehr zu versprechen. Bislang fehlt dagegen eine Erörterung der Folgen des Rechtsgeschäfts unter Verwendung der neu entdeckten dogmatischen Gesichtspunkte; der Untersuchung bedürfen die Frage der Erfüllung, der Nichterfüllung, der Geltendmachung der einzelnen Ansprüche und auch der Sicherungsgeschäfte.

Im folgenden soll ein Teilbereich des ersten Komplexes untersucht werden. Angesichts der bedeutenden Rolle der Urkunde im griechischen Rechtsleben läßt auch die Untersuchung der Quittung schon aufgrund ihrer weit verbreiteten Übung Einblicke in die Struktur der Erfüllung erwarten. Neue tatsächliche Feststellungen werden sich im folgenden gegenüber der Untersuchung SCHWARZS[3] nicht in allen Punkten ergeben, die Einordnung der Tat-

---

1 J. PARTSCH, Griechisches Bürgschaftsrecht, 1. Teil, Recht des altgriechischen Gemeindestaats, Leipzig 1909.

2 Die modernen Anschauungen über das griechische Vertragsrecht und die Grundlagen der Haftung beruhen auf zwei Arbeiten H. J. WOLFFS: „Die Grundlagen des griechischen Vertragsrechts" (SZ 74, 1957, 26 ff.) und „Die Praxisklausel in Papyrusverträgen" (TAPA 72, 1941, 418 ff., nun in Beiträge 102 ff.). In eine ähnliche Richtung gehen die Vorstellungen SEIDLS, die aber gegenüber den Ansichten WOLFFS weniger prozessual als eher sachenrechtlich ausgerichtet zu sein scheinen (RG^2 113 ff.).

Zu den einzelnen Geschäften seien nur genannt: PRINGSHEIM, Greek Law of Sale, Weimar 1950; HERRMANN, Studien zur Bodenpacht im Recht der graeco-aegyptischen Papyri, München 1958; ADAMS, Paramone und verwandte Texte, Studien zum Dienstvertrag im Rechte der Papyri, Berlin 1964; KÜHNERT, Untersuchungen zum Kreditgeschäft in den hellenistischen Papyri Ägyptens bis auf Diokletian, Freiburger Jur. Diss. 1965; sowie meine „Untersuchungen zum Darlehen im Recht der graeco-ägyptischen Papyri der Ptolemäerzeit", München 1967.

3 SCHWARZ, Die öffentliche und private Urkunde im römischen Ägypten, Leipzig 1920.

sachen in das für uns erkennbare System des griechischen Schuldrechts wird jedoch zu abweichenden Ergebnissen führen.

Die Untersuchung erfaßt das Urkundenmaterial von der Zeit der griechischen Eroberung Ägyptens bis zu Diokletian; für diesen Zeitraum wurde Vollständigkeit angestrebt, aber angesichts der großen Zahl der Urkunden wohl nicht erreicht. Aus der Zeit nach Diokletian wurden einige Urkunden angeführt, um die Weiterentwicklung des Formulars zu beleuchten.

Ein wesentlicher Punkt ist noch klarzustellen. Zur Vermeidung von Unklarheiten und Schwierigkeiten der Darstellung und damit auch des Verständnisses werden im folgenden die Begriffe der modernen Dogmatik verwendet, dies jedoch nur als „Begreifenshilfe". Mit diesen Begriffen, die den griechischen Rechtsvorstellungen fremd sind, sollen nur entsprechende wirtschaftliche Sachverhalte gekennzeichnet werden, aber keine inhaltlichen und strukturellen Gleichsetzungen ausgedrückt werden.

ERSTES KAPITEL

DAS URKUNDENMATERIAL

Zunächst ist das sehr umfangreiche Material vorzulegen; gegliedert nach den einzelnen Geschäftsarten.

§ 1 Darlehen

I. Quittungen über die Rückzahlung einer Darlehenssumme im ganzen, eines Teilbetrags oder von Zinsen.

Im folgenden wird kein Unterschied gemacht zwischen den verschiedenen Arten des Darlehens: δάνειον, χρῆσις, ἔρανος und neutral formulierten. In der ptolemäischen Zeit überwiegen die δάνεια bei weitem,[1] in römischer Zeit treten verstärkt Belege für die χρῆσις auf;[2] ob der von Kühnert[3] gemachte Unterschied zwischen δάνειον und χρῆσις zutrifft, erscheint angesichts des schwankenden Wortgebrauchs sehr zweifelhaft.[4] Entscheidend ist hier jedoch, daß in den Quittungen keine Differenzierung im Aufbau, Stil und Formular der Urkunde begegnet. Im folgenden werden auch Quittungen über Schuldzahlungen mit einbezogen, die nur als ὀφειλήματα = „Schulden" bezeichnet sind, soweit nur erkennbar ist, daß es sich um die Rückerstattung eines zeitweilig überlassenen Kapitals handelt.

Ein typisches Beispiel sei im Wortlaut angeführt: Datum, Ort Ὁμολογοῦσιν Ἡρακλείδης . . . καὶ Ἀπία . . . Θαήσι . . . ἀπέχειν παρ' αὐτῆς Θαήσιος διὰ χειρὸς ἀργυρίου δραχμὰς χειλείας διακοσίας εἴκοσι τέσσαρας καὶ τοὺς τόκους ἃ ὤφιλεν ἡ Θαῆσις τῆι τῶν δύο Ἡρακλείδου καὶ Ἀπίας ἀδελφῆι Ἡρωδιαίηι . . . κατὰ ἀσφάλειαν τετελειομένην διὰ τοῦ ἐν Θεογονίδι γραφείου τῶι ὀγδόωι ἔτει . . . ἣν καὶ ἀναδέδωκεν τῆι Θαήσι εἰς ἀθετίαν καὶ ἀκύρωσιν, καὶ μήτε αὐτοὺς τοὺς δύο Ἡρακλείδην καὶ Ἀπίαν μήδε τοὺς παρ' αὐτῶν ἐπελεύσασθαι ἐπὶ τὴν Θαῆσιν μήδε ἐπί τοὺς παρ' αὐτῆς περὶ ὧν ἀπέσχηκαν καθότι πρόκειται μήδε περὶ ἑτέρου ἁπλῶς πράγματος

---

1 Siehe Darlehen 24 ff.

2 Kühnert, Kreditgeschäft 91.

3 AaO. 96.

4 S. Darlehen 12 f., Simon, SZ 82 (1965) 41 ff.; auf diese Frage soll hier jedoch nicht näher eingegangen werden.

μέχρι τῆς ἐνεστώσης ἡμέρας, μὴ ἐλαττουμένης τῆς τῶν δύο Ἡρακλείδου καὶ Ἀπίας μητρὸς Θαήσιος ὑπὲρ ὧν ὀφίλει αὐτῆι ἡ Θαῆσις κατὰ ἀσφάλειαν ἀργυρικῶν κεφαλαίων ἐφ᾽ οἷς περιέχει. (Fam. Tebt. 9, a. 107).

II. 1. Die Quittungen der Ptolemäerzeit sind weit weniger zahlreich als die uns erhaltenen Darlehensverträge. Der älteste Beleg ist Petr. II 47 (210 a.). Privatschriftliche Urkunden sind die Sechszeugenurkunden Würzb. 6 (102 a.), SB VI 9405 (75 a.),[5] die Cheirographa Rein. 11 (111 a.) und PSI IX 1023 (106 a.), sowie das Ostrakon Meyer 60 (?) über Zinszahlung. An Agoranomenurkunden sind erhalten Grenf. I 26, II 19, 22, 26, 30, 31 (118 a. – 102 a.), Lips. I 7 (107 a.), Ryl. IV 588 (78 a.). Ungewisser Natur sind dagegen Rein. 12, 13, 25, 27 (111 a. – 102 a.), sie werden zum Teil für öffentliche, zum Teil für private Urkunden angesehen;[6] für die Annahme einer öffentlichen Urkunde spricht jedoch, daß die Darlehensurkunden als συγγραφὴ δανείου κειμένη διὰ τοῦ ἀγορανομίου bezeichnet werden, angesichts der Neigung, die Quittungen in der der Schuldurkunde entsprechenden Form zu errichten, ein Indiz für den öffentlichen Charakter, während die μηδὲν ἧσσον κυρία-Klausel als Erklärung über die weitere Gültigkeit der Quittung auch bei öffentlichen Urkunden vorkommt und damit kein Indiz für eine privatschriftliche Urkunde ist.[7]

2. In römischer Zeit tritt uns als private Urkunde nur noch das Cheirographon entgegen.[8] Die Typen der öffentlichen Urkunden sind die alexandri-

---

[5] Petr. II 47 (210 a.) ist weitgehend zerstört; die Eigenschaft einer Sechszeugenurkunde scheint allerdings sicher. Zu dem Vermerk auf Vo (= MChr 135) vgl. ausführlich Wilcken, UPZ I S. 614 f., Preaux, L'économie 319 f. Amh. II 42 ist zu zerstört, um über die Natur der Urkunde als Privaturkunde oder öffentliche Urkunde etwas aussagen zu können, jedoch läßt das Datum (179 a.) im Vergleich zu den Darlehensurkunden jener Zeit (s. Darlehen S. 13 f.) vermuten, daß es sich um eine Privaturkunde handelt; ein Cheirographon ist es nicht, so auch Segre, BIDR 34 (1925) 92, der eine Sechszeugenurkunde annimmt.

[6] S. Darlehen 14.

[7] Anders noch Darlehen 14.

[8] Lond. III 1168 (S. 136) (44), Yale 63 (64), BGU I 260 = MChr 137 (90), BGU I 44 (102), I 68 (113), Genf. I 26 (125), Yale 65 (138), Oxy. I 98 (141), BGU I 155 (153), Harr. 66 (155) verbunden mit einem Gesuch um Demosiosis, Oxy. VIII 1132 (162), PSI V 473 (168), Lond. II 341 (S. 213) (183), II 343 (S. 213) (188), Tebt. II 396 (188) mit Demosiosis-Klausel, PSI VII 818 (192), Mil. Vogl. III 146 (II), PSI VIII 878 (II), SB VI 9201 (203), Stud. Pal. XX 18 (205), BGU VII 1656 (213), 1657 (231), 1658 (234), PSI IV 295 (235), XII 1238 (244), Stud. Pal. XX 13 Vo (254), Grenf. II 69 (?) (265), Oxy. XXXI 2587 (289), XIV 1715 (292), BGU VII 1659 (III), Stud. Pal.

nische Synchoresis,[9] die staatsnotarielle – agoranomische – Urkunde[10] und die Bankurkunde – διαγραφὴ τραπέζης –.[11] Die Sechszeugenurkunde der ptolemäischen Zeit begegnet nicht mehr.[12] Eine Reihe objektiver Protokolle läßt nicht durch die Angabe eines Urkundsbüros erkennen, ob es sich um öffentliche oder private Urkunden handelt. Manche zeigen aber entweder durch die Wendung ἐν ἀγυιᾶι: „auf der Straße", d. h. vor dem Agoranomenbüro – auf die Errichtung der Quittung bezogen –[13] oder durch die Floskel διὰ τοῦ αὐτοῦ γραφείου – auf die Errichtung des Schuldscheins bezogen[14] –, daß es

XXII 70 (III), PSI III 198 (III), Cair. Isid. 94 = SB VI 9174 (312), Oxy. XIV 1716 (333), Princ. III 181 (344), BGU I 24 (?).

9 BGU IV 1134, 1135, 1148, 1149, 1150 I, 1152, 1153 II, 1154, 1155 = MChr 67 = CPJ II 148, 1164, 1165, 1167 I/II, 1168, 1169, 1170 II, 1173, 1174 (17 a.–5 a. C.); Oxy. XXVII 2471 (50). BGU IV 1163 ist kein Fall der Darlehensrückzahlung, sondern der Aufhebung eines Lieferungskaufs (vgl. Pringsheim, GLS 277 f.), s. unten § 9.

10 BGU XI 2047 (8), Princ. III 141 (23), SB VIII 9827 (29), Mil. 7 (39), SB V 8034 (52), Cair. Preis. 43 = descr. Oxy. II 306 = Ndr. Aegypt. 46 (1966) 272 (59), Mich. III 194 (61), Amh. II 110 (75), SB VIII 9765 (81), Oxy. X 1282 (83), Lond. II 142 (S. 203) (95), Oxy. III 510 (101), Fam. Tebt. 7 (102), 9 (107), 10 (108), Warren 9 (109), Ryl. II 174 (112), Fouad I 57 (113), Mil. Vogl. IV 225 (121), PSA 29 (121), Amh. II 112 (128), PSI X 1156 (130), Amh. II 111 (132), Mil. Vogl. IV 226 (135), III 158 (136), BGU II 394 (137), PSI X 1140 (139), Ryl. II 174 a (139), Princ. II 34 (144), Amh. II 113 (157), Lond. III 918 (S. 171) = MChr 162 (171), BGU II 514 (172), PSI XIII 1324 (173), SB VI 9369 (173), VIII 9923 (175/176), VI 9619 (184), Tebt. II 397 = MChr. 321 (198), Mil. Vogl. III 159 (II), Lond. II 348 (S. 214) = MChr 197 (205), Grenf. II 69 (265).

11 PSI XII 1235 (42), Hamb. I 1 (57) (unselbständig), PSI VI 715 (92), BGU I 281 (I), BGU II 415 (102?), BGU II 472 II (141), Tebt. II 395 (150), PSI III 159 (151), Lond. II 332 (S. 209) = SP I 75 (166), Stud. Pal. XXII 172 = CPR I 14 (166), Ryl. II 176 (201), Lond. III 1164 b, d, g (S. 156 ff.) (212), Fior. I 48/Giss. I 33 (222) (Hypographe einer nicht ausgefertigten Diagraphe), Stud. Pal. XXII 70 (III).

12 Der Charakter der in Hawara 303 (109) und BGU I 260 = MChr 137 (90) (s. unten Anm. 39) genannten ἐξ(αμάρτυρος) ἀποχή und der in BGU III 813 (II.) angeführten συγγραφὴ ἑξαμάρτυρος ist unsicher; es erscheint jedoch ausgeschlossen, sie mit der Sechszeugenurkunde der ptolemäischen Zeit gleichzusetzen. Immerhin hat sie wohl eher die Wirkung eines δημόσιος χρηματισμός gehabt als ein mit Demosiosis-Klausel versehenes Cheirographon. Vgl. hierzu Mitteis, Grundzüge 55, Wilcken, Arch. V (1913) 205 f., Jörs, SZ 34 (1913), 114, 128 f., Segre, BIDR 34 (1925), 73 und neuestens Wolff, RIDA³ 8 (1961) 133 Anm. 41.

13 S. Grenfell-Hunt zu Oxy. IV 722 Z. 12; Mitteis, Grundzüge 61 Anm. 4; Wilcken, SZ 30 (1905), 505 Anm. 3. Beispiele sind SB V 8034 (52), VIII 9765 (81), Cair. Preis. 43 (59).

14 Z. B.: Mil. Vogl. III 158 (136), PSA 29 (121), PSI X 1156 (130), Amh. II 113 (157).

sich um öffentliche Urkunden handelt.[15] Während im I. Jh. die öffentlichen Urkunden bei weitem überwiegen, finden wir im III. Jh. fast nur noch Cheirographa.

3. Die Stilisierung der Urkunden

a) Ptolemäische Zeit

Mit Ausnahme der chirographischen Homologien PSI IX 1023 (106 a.) und Rein. 11 (111 a.) sowie Meyer 60 (?) sind die Urkunden als Protokolle gefaßt. Der Kontext eines Teils der Quittungen aus dem Hermopolites[16] zerfällt in zwei Teile: Im ersten wird die Leistungstätigkeit des Schuldners festgehalten (z. B. Grenf. II 22: ὁ δεῖνα μεμέτρηκεν), im zweiten folgt die Homologie des Gläubigers über den Empfang der Leistung und über die Unterlassung zukünftiger Angriffe gegen den Schuldner (ὁ δεῖνα ἀνωμολογήσατο ἀπέχειν καὶ μὴ ἐπικαλεῖν). In den übrigen Quittungen dieser Gegend[17] und in den anderen ptolemäischen Quittungen[18] homologiert der Gläubiger den Empfang der Leistung und die Unterlassung zukünftiger Angriffe gegen den zahlenden Schuldner, ausnahmsweise in SB VI 9405 (75 a.) auch die Übergabe der Darlehensurkunde; dabei ist die Nichtangriffsklausel grammatikalisch von dem ὁμολογεῖν abhängig.[19] Den Empfang drückt stets ein ἀπέχειν aus.

b) Römische Zeit

Die Synchoreseis und die staatsnotariellen Urkunden sind stets als objektive[20] Protokolle gefaßt. Das συγχωρεῖν bzw. ὁμολογεῖν des Gläubigers umfaßt den Empfang der Leistung, die Nichtangriffsklausel, die Erklärung über die Übergabe der Darlehensurkunde bzw. ihre Unwirksamkeit, soweit der Hinweis auf die Rückgabe der Urkunde nicht relativisch an deren Erwäh-

---

15 Zu dem Streit über die Natur einiger objektiver Protokolle s. Mitteis, Grundzüge 61 f. einerseits und Meyer, JP S. 105 andererseits, sowie Herrmann, Bodenpacht 22. Auf die Frage haben wir nicht näher einzugehen, da Darlehensquittungen dieser Art nicht erhalten sind.

16 Grenf. I 26 (113 a.), Grenf. II 22 (110 a.), Lips. 7 (107 a.), Grenf. II 30 (102 a.).

17 Grenf. II 19 (118 a.), Rein. 11 (111 a.), 12 (111/110 a.), 13 (110 a.), 25 (105 a.), 27 (103 a.), Grenf. II 31 (104 a.), II 26 (103 a.).

18 Amh. II 42 (179 a.) ist nach der Empfangsbestätigung zerstört; Würzb. 6 (102 a.), Ryl. IV 588 (78 a.), SB VI 9405 (75 a.), Petr. II 47 (210 a.).

19 Zu dieser Tatsache s. schon Wolff, SZ 74 (1957) 57 Anm. 73.

20 Ausnahme ist Princ. III 141 (23), eine subjektiv mit bloßem ἀπέχω stilisierte Grapheionsurkunde; möglicherweise nur die Hypographe.

nung bei der Bezeichnung des Darlehens angehängt ist. Das gleiche gilt für die als Homologien stilisierten Cheirographa,[21] während bei den übrigen Cheirographa[22] die Erklärungen selbständig nebeneinander stehen. Die Bankdiagraphe[23] folgt ihren eigenen Regeln.[24]

Die Leistung des Schuldners wird stets aus der Sicht des empfangenden Gläubigers bestätigt, in der Regel durch ἀπέχειν, manchmal auch durch εἰληφέναι[25] oder πεπληρῶσθαι.[26]

III. 1. Die Parteien sind zumeist der Darlehensgeber und der Darlehensnehmer; relativ häufig treten auf der einen oder anderen Seite Erben auf, sei es einzeln oder zu mehreren. Daneben begegnen auch Fälle, die wir als Leistung durch einen „Vertreter" oder durch einen Dritten klassifizieren können. Die ausführliche Erörterung durch Weber, Obligationenrecht S. 21 ff., 63 ff. erübrigt eine nähere Behandlung.[27]

2. Der zurückgezahlte Betrag des Kapitals ist stets beziffert,[28] sowie auch das Darlehenskapital selbst. Zinszahlungen sind dagegen nicht beziffert, es wird nur die Tatsache der Zahlung festgestellt.[29] Leistungen in voller Höhe

---

21 Yale 65 (138), Oxy. I 98 (141), VIII 1132 (162), PSI VIII 878 (II), IV 295 (235?) ein infolge Zerstörung zweifelhafter Text, XII 1238 (244), Oxy. XXXI 2587 (289), XIV 1715 (292), Stud. Pal. XXII 70 (III), PSI III 198 (III), Cair. Isid. 94 (312), Princ. III 181 (344).

22 Yale 63 (64), BGU I 44 (102), I 68 (113), Genf. I 26 (125), BGU I 155 (153), Harr. 66 (155), PSI V 473 (168), Lond. II 341 (S. 213) (183), 343 (S. 213) (188), Tebt. II 396 (188), PSI VII 818 (192), Mil. Vogl. III 146 (II), SB VI 9201 (203), Stud. Pal. XX 18 (205), BGU VII 1656 (213), 1657 (231), 1658 (234), Stud. Pal. XX 13 Vo (254), BGU I 24 (?).

23 S. oben Anm. 11; Stilisierung z. B.: ἔτους ... διὰ τραπέζης ... ⟨es zahlte⟩ Schuldner dem Gläubiger. ἀπέχειν (Gläubiger) παρὰ τοῦ (Schuldner) ὃ ὤφειλεν αὐτῶι κατὰ διαγραφὴν ... καὶ μηδὲν ἐγκαλεῖν. Keine Ausnahme haben wir in Fior. I 48/Giss. I 33 zu sehen, da wir nur die Hypographe einer Diagraphe vor uns haben; daß für die Diagraphe selbst der Raum freigelassen und diese nicht geschrieben wurde, ist insoweit belanglos.

24 Vgl. Meyer, JP 94 ff.; Mitteis, Grundzüge 68 ff.

25 BGU IV 1149 (13 a.), Ryl. II 176 (201), Grenf. II 69 (265), PSI III 198 (III), Cair. Isid. 94 (312).

26 BGU IV 1165 (13 a.), Lips. 14 (391).

27 Hinzugekommen ist noch: Cair. Isid. 94 (312). Zu Mil. Vogl. III 146 s. unten Anm. 34.

28 Ausnahme ist Grenf. II 26 (103 a.), s. unten Anm. 38.

29 Besonders klar ist Oxy. XIV 1715 (292): 2 Talente von insgesamt 6 werden zurückgezahlt und deutlich hervorgehoben auch der Zins für die ganze Summe bis zum vor-

werden z. B. ausgedrückt durch die Wendung ἐκ πλήρους,[30] während dagegen Teilleistungen mit ἐπὶ λόγου, τὸ ἐπίβαλλον μέρος und Restzahlungen mit τὸ λοιπόν formuliert werden.[31] Die Art und Weise der Zahlung bezeichnen die Wendungen διὰ χειρὸς ἐξ οἴκου: „bar aus der Hauskasse" und διὰ τραπέζης: „durch Banküberweisung".[32]

IV. Die auffallende Übereinstimmung der Form von Schuldurkunde und Quittung wurde schon vor Schwarz konstatiert und von diesem zum erstenmal gründlicher beleuchtet.[33]

1. Bei Volleistung, d. h. bei voller Befriedigung des Gläubigers durch den Schuldner, ist die Übereinstimmung der Form auch nach dem seither bekanntgewordenen Material die Regel.[34] Das gleiche gilt für die Quittierung der

---

vergangenen Monat, und PSI V 473 (168), wo der Betrag nicht genannt wird, wohl aber die Jahre, für die die Zinszahlung gedacht ist. Eine Ausnahme bilden SB VIII 9923 (175) und Lond. II 348 (S. 214) = MChr 197 (205), wo Darlehenssumme und Zins gesondert genannt werden. Ausnahme ist auch Tebt. II 397, es wird anstelle eines an sich aufgelaufenen höheren Zinsbetrags nur ein der Darlehenssumme entsprechender Betrag zurückgezahlt (s. Darlehen 89).

30 Z. B. Lond. III 1164 b (S. 156).

31 Hierfür genügt eine Verweisung auf den entsprechenden Abschnitt bei Weber, OR 174 ff.

32 S. Darlehen 29 f. Interessant ist Tebt. II 397: In Z. 9 f. wird der Empfang der Summe und des Zinses in gleicher Höhe anstelle eines höheren Zinsbetrages διὰ χειρός bestätigt, in Z. 14 wird die Überweisung auf ein Konto des Fiskus festgestellt. Dem liegt wohl die Vorstellung zu Grunde, daß die Gläubigerin selbst die Summe bekommen und dann von ihr oder von einem Schuldner für sie überwiesen werden sollte; der Vorgang wurde demnach so aufgefaßt, daß sie – auch wenn es tatsächlich nicht so geschah – die Summe in die Hand bekommen hat (vgl. auch Z. 25 in dem angehängten Gesuch um Bestellung eines κύριος zur Quittungserteilung: ἀποχὴ ἀπολελεστική).

33 Öffentliche und private Urkunde 60 ff.; s. auch A. Segre, BIDR 34 (1925), 67 ff.

34 *Ptol. Zeit:* Amh. II 42; Grenf. I 26, II 19, 30; Rein. 11, 12, 13, 25, 27; Ryl. IV 588; SB VI 9405; Würzb. 6;
Röm. Zeit: Amh. II 110, 111; BGU I 281, II 394, 514, IV 1148, 1150 I, 1152, 1153 II, 1154, 1164, 1165, 1167 II, 1168, 1169, 1173, 1174, VII 1656, XI 2047; Cair. Isid. 94; Cair. Preis. 43 (= descr. Oxy. II 306); Fouad I 57; Lond. II 142 (S. 203), 332 (S. 209) = SP I 75, 348 (S. 214) = MChr 197, III 918 (S. 171) = MChr 162, 1164 b, g (S. 156 ff.); Mich. III 194; Mil. 7; Mil. Vogl. III 158, IV 225, 226; Oxy. III 510, X 1282, XXVII 2471; PSI VI 714, 715, X 1156, XII 1235, XIII 1324; Ryl. II 174, 174 a; SB V 8034, VI 9369, VIII 9765, 9827, 9923; Stud. Pal. XXII 80, 172; Tebt. II 395, 397 = MChr 321 (z. T.); Yale 65. Mil. Vogl. III 146 ist nur scheinbar eine Ausnahme; in dem Cheirographon verspricht der quittierende Gläubiger, daß sein Bruder eine Quittung in öffentlicher Urkunde errichten werde. Zu Ryl. II 176 vgl.

Leistung durch einen von mehreren Miterben an den gemeinsamen Gläubiger für die Erfüllung eines seinem Erbteil entsprechenden Teils der Schuld bzw. an einen von mehreren Erben des Gläubigers[35] oder an einen von mehreren Gläubigern durch einen von mehreren Schuldnern.[36] Dem steht in dieser Beziehung die Zahlung des letzten Teilbetrags einer Schuld gleich.[37]

Die Ausnahmen lassen erkennen, daß die Quittung eines in öffentlicher Urkunde niedergelegten Darlehens ebenfalls eine öffentliche Urkunde, wenn auch einer anderen Gattung, war[38] oder doch in der Wirkung einer öffent-

---

Jörs, SZ 40 (1919) 92 f., Weber, OR 91 Anm. 2 und 166; nach eingeleiteter Vollstreckung zahlt der Schuldner einen Teil, der Rest wird vom Gläubiger erlassen, deshalb können wir in diesem Zusammenhang von Volleistung sprechen. BGU VII 1658 (Cheirographon): Die Leistung wird ἐγγράφως geschuldet, also schriftlich; da sonst keine Angaben gemacht werden, wird es sich ebenfalls nur um ein Cheirographon handeln. In Oxy. VIII 1132 ist die Darlehensurkunde ein χειρόγραφον διὰ τραπέζης (Z. 16 f.), also wohl eine unselbständige Diagraphe in Verbindung mit einem Cheirographon (s. Mitteis, SZ 32, 1912, 345); Yale 63 ist ein entsprechender Fall, nur werden dort Diagraphe und Cheirographon ausdrücklich genannt; die Parallele liegt also im Cheirographon. Zu BGU I 44/II 415 s. u. S. 24.

35 Grenf. II 31, Lips. 7, PSA 29, Stud. Pal. XX 13 Vo. Zu BGU IV 1155 = MChr 67 = CPJ II 148 s. u. S. 23.

36 PSI X 1140: Zahlung je eines Kopfteils durch zwei von drei Schuldnern, die nicht Gesamtschuldner (ἀλληλεγγύοι) sind. Mil. Vogl. III 159: Zahlung von 1/10 durch einen von zehn Gesamtschuldnern, die Art der Schuldurkunde ist wegen der Zerstörung nicht ersichtlich. Zu Fam. Tebt. 7 und 10 s. u. S. 24, wo die Parallele offensichtlich auf die συγγραφοδιαθήκη in staatsnotarieller Form und nicht auf das evtl. novierende Cheirographon zu beziehen ist.

37 Amh. II 112, 113, Oxy. I 98: Zu dem χειρόγραφον διὰ τῆς αὐτῆς τραπέζης s. oben Anm. 34. Unklar ist infolge der Beschädigung PSI VIII 878. Fior. I 48/Giss. I 33 ist ein regulärer Fall (vgl. oben Anm. 23). Hamb. I 1 ist keine Ausnahme; Darlehensurkunde war eine Synchoresis, die vorliegende unselbständige Bankdiagraphe stellt auf eine noch zu errichtende öffentliche Urkunde ab (Z. 14).

38 a) Grenf. II 22 (110 a.): Die Quittung ist eine Agoranomenurkunde, Darlehensurkunden sind eine συγγραφὴ αἰγυπτία und damit unbestimmter Natur und ein nicht näher genanntes δάνειον.

b) Grenf. II 26 (103 a.): Die Quittung ist eine Agoranomenurkunde, die Urkunden über die Schulden sind als συναλλάγματα Αἰγυπτία καὶ Ἑλληνικά bezeichnet, συνάλλαγμα ist ein völlig unbestimmter Begriff und kennzeichnet keine bestimmte Urkundsart (s. die Belege bei Preisigke, WB s. v.); Darlehensempfänger waren Verwandte des Zahlenden, die Verhältnisse sind nicht recht klar (zu den Möglichkeiten einer Erklärung vgl. Weber, OR 78 f.), der zurückgezahlte Betrag wird nicht genannt; es scheint sich mehr um einen Erlaß oder um einen Vergleich als um eine Quittung zu handeln.

c) BGU IV 1167 I (12 a.): Quittierung eines Darlehens aufgrund eines πιττάκιον in einer Synchoresis; die Weite des Begriffs π. (s. Kalen, P. Berl. Leihg. S. 211) erlaubt keine nähere Bestimmung der Schuldurkunde.

lichen Urkunde angenähert wurde,[39] die Form der Quittungsurkunde überwog jedenfalls die der Schuldurkunde.

---

d) BGU IV 1135 (10 a.): Die Zahlung der Schlußrate eines Eranos-Darlehens wird in einer Synchoresis bestätigt; die Natur der Darlehensurkunde, einer νομογραφικὴ ἐπιστολή ist nicht sicher feststellbar. SCHWARZ (Urkunde 73) nimmt eine subjektiv stilisierte Urkunde an, wobei er offen läßt, ob es sich um ein Cheirographon oder eine mehr der öffentlichen Urkunde angenäherte Form handelt. Der Hgb. weist auf BGU IV 1136 hin, ein Cheirographon ohne die Grußformel ἔρρωσο am Ende. Die Frage wird offen bleiben müssen, da der νομογράφος möglicherweise ein öffentlicher Funktionär war, der subjektive Stil der BGU IV 1136 jedoch Bedenken gegen die Annahme einer öffentlichen Urkunde erweckt (vgl. MITTEIS, Grundzüge 56 Anm. 7, s. auch KOSCHAKER, SZ 29, 1908, 17 Anm. 2).

e) BGU IV 1170 II (10 a.): Es wird in Synchoresis-Form quittiert, die Bezeichnung der Darlehensurkunde ist nur zum Teil erhalten: κατὰ τὸ(ν) γεγο(νότα) ε..., die Lesung τὸ(ν) ist sicher, eine Synchoresis ist damit ausgeschlossen.

f) Harr. 138 III 24 ff. (I): Ein Auszug aus einer Rolle „of official abstracts" läßt für die Quittung an eine öffentliche Urkunde oder zumindest an ein registriertes Cheirographon denken. Die Darlehensurkunde war ein Cheirographon.

g) Fam. Tebt. 9 (107): Die Quittung ist als objektive Homologie ohne Angabe eines Urkundsbüros stilisiert; die Natur ist unsicher, es wird sich aber nicht um eine Privaturkunde des von MEYER, JP S. 105 gekennzeichneten Typs handeln. Die Schuldurkunde ist eine Grapheionsurkunde. Merkwürdig erscheint die Bezugnahme auf die Schuldurkunde (Z. 13): ἥτις ἀπαίτησεν κατὰ ἀσφάλειαν, damit soll wohl nicht eine bereits erfolgte Rückforderung gemeint sein, denn eine sonstige Schuldurkunde ist nicht erwähnt und gerade die genannte Schuldurkunde wird zurückgegeben, es ist nur eine schiefe Ausdrucksweise denkbar, nach der Ansicht des Herausgebers „she had a claim".

h) Princ. II 34 (144) enthält eine Generalquittung für alle Verbindlichkeiten zwischen den Parteien aufgrund von ἔγγράπτοι ἀσφάλειαι ohne Nennung von Beträgen in einer Grapheionsurkunde.

i) PSI III 159 (151): In einer Bankdiagraphe wird die Zahlung eines Teils einer Schuld bestätigt. Die Lesung der Urkunde macht nicht klar, ob es nur eine Teilleistung oder die Schlußrate ist. Vgl. hierzu WEBER, OR 189. Die Kraftloserklärung der Grapheionsurkunde in Z. 13 spricht in der Tat für eine Schlußrate (s. unten V), die Nichtangriffsklausel beschränkt auf den geleisteten Betrag spricht weder dafür noch dagegen (s. unten VI 2 a.).

k) SB VI 9619 (184): Es handelt sich um die Restzahlung eines in Darlehensform gestundeten Kaufpreises (vgl. Darlehen 126 f.). Das Darlehen war in einem Cheirographon in zweifacher Ausfertigung niedergelegt worden, die vorliegende Urkunde stellt eine staatsnotarielle Homologie dar.

l) BGU VII 1657 (231): Leistung einer Hälfte durch einen von zwei Gesamtschuldnern. Schuldurkunde ist ein χειρόγραφον τελιωθὲν διὰ τοῦ ἀρχείου. Die Herausgeber vermuten entweder eine ungewöhnliche Verwendung von χειρόγραφον für eine öffentliche Urkunde oder von τελειοῦν, das nicht in der üblichen Bedeutung von „notariell Vollziehen" gebraucht worden sei, sondern zur Kennzeichnung der δημοσίωσις oder der

2. Eine Divergenz tritt dagegen in Erscheinung – soweit das Material diese Feststellung erlaubt –, wenn der Schuldner nur einen Bruchteil der Leistung erbringt.[40]

ἐκμαρτύρησις; sie nehmen aber so oder so eine öffentliche Urkunde an. MEYER (SZ 48, 1928, 612) bezieht τελειωθέν auf die Durchführung der ἐκμαρτύρησις. Die Annahme einer Verwendung der Bezeichnung χειρόγραφον für die öffentliche Urkunde erscheint unwahrscheinlich, möglich dagegen eine nicht geläufige Verwendung von τελειοῦν.

Die mangelnde Formkongruenz erklärt sich aus der besonderen Gestaltung der Teilrückzahlung. Obwohl ein Gesamtschuldner seinen Anteil leistet, fehlt die Nichtangriffsklausel zugunsten des Leistenden, die sonst üblich ist (vgl. unten VI); der Anspruch hinsichtlich des Rests wird gegen den zweiten Schuldner vorbehalten. Die Quittung soll insgesamt wohl einer Quittung über eine normale Bruchteilsleistung angenähert werden.

m) Grenf. II 69 (265): Eine vor Zeugen errichtete Homologie (Z. 42 ff.), es handelt sich um eine Abschrift ἐκ δημοσίων (Z. 1 f.), also wohl um eine öffentliche Urkunde. Schuldurkunde ist ein Cheirographon in zweifacher Ausfertigung (Z. 14). Unklar bleibt die Natur des in Z. 20 erwähnten συστατικὸς δημόσιος χρηματισμός, möglicherweise liegt ein Fall der Ekmartyresis vor (vgl. MITTEIS, Chr. 208 Anm. zu Z. 25 f.; MEYER, JP S. 109; JÖRS, SZ 34, 1913, 126; von WOESS, Urkundenwesen 352 Anm. 3; SCHWARZ, Urkunde 76 Anm. 2).

n) Die sehr späte Urkunde Oxy. XIV 1716 (333) stellt die Quittung eines Darlehens aufgrund eines γραμμάτιον, dessen Natur unklar ist, dar; die Urkunde trägt den Vermerk δι' ἐμοῦ, möglicherweise weist diese Klausel schon zu dieser Zeit auf einen öffentlichen Schreiber hin (vgl. Hgb. zu Nr. 1627, a. 343, Z. 29), die subjektive Stilisierung spricht jedenfalls für eine private Urkunde.

Zu BGU IV 1155 (10 a.) s. u. S. 23, zu BGU II 472 (141) s. u. S. 21, zu Lond. III 1164 d (S. 158) (212) s. u. S. 26, zu SB V 7634 (249) s. u. S. 27.

[39] PSI XII 1238 (244): Quittierung der Rückzahlung eines Darlehens aufgrund einer Synchoresis in einem Cheirographon, dessen δημοσίωσις vorgesehen ist. Zum Verfahren und zur Wirkung dieser „Verlautbarung“ privater Urkunden s. JÖRS, SZ 34 (1913) 107 ff. und HÄSSLER, Kyria-Klausel 77 ff., 82 ff. mit weiterer Lit. Tebt. II 396 (188): Quittung ist ein Cheirographon (κύριον ὡς ἐν δημοσίωι κατακεχωρισμένον), Darlehensurkunde ist ein δημόσιος χρηματισμός, also eine staatsnotarielle Urkunde (vgl. von WOESS, Urkundenwesen 36 f.). BGU I 260 = MChr 137 (90): Quittung über die Rückzahlung eines Darlehens, das in einem δημόσιος χρηματισμός niedergelegt wurde, verbunden wohl mit einem Wohnrecht als Zinsantichrese (BERGER, ZSchr. vgl. RW. 29, 1913, 337 f.; KÜHNERT, Kreditgeschäft 157 Anm. 3). Obwohl die Quittung κύριον ὡς ἐν δημοσίωι κατακεχωρισμένον sein soll, erbietet sich der Gläubiger auf Verlangen des Schuldners auch noch eine ἐξαμάρτυρος ἀποχή auszustellen. Das läßt immerhin den Schluß zu, daß diese dem Cheirographon – trotz seiner Kyria-Klausel – überlegen war (s. dazu oben Anm. 12). Zu Harr. 66 s. unten Anm. 40.

[40] BGU II 445, Lond. II 341 (S. 213), PSI VIII 878, IX 1023: Quittung ist ein Cheirographon, Darlehensurkunde eine öffentliche Urkunde. Die mögliche Divergenz ist nicht genau bestimmbar in BGU VII 1659, Stud. Pal. XX 18, die Quittung ist wiederum ein Cheirographon, die Schuldurkunde eine ἀσφάλεια; Oxy. XIV 1715 ist un-

Gemeinsam ist jedoch allen genannten Quittungsurkunden, daß die Darlehensurkunden möglichst genau nach Art und Ausstellungsbüro, sowie mit dem Datum bezeichnet werden.

3. Wenn die Quittung keine Darlehensurkunde erwähnt,[41] kann unter Umständen auch ein schriftlos gegebenes Darlehen angenommen werden.[42] Die Quittungsform schwankt zwischen öffentlicher[43] und privater[44] Urkunde.

V. In ptolemäischer Zeit wird die Schuldurkunde nur nach Art, Datum und gegebenenfalls Ort der Errichtung genau bezeichnet, aber nicht für ἄκυρος erklärt.[45] In römischer Zeit wird es dann üblich, wenn auch nicht zur Regel,

---

interessant, da beide Urkunden Cheirographa sind. Auffällig ist Harr. 66 (155): Gesuch um Demosiosis eines Cheirographons über den Empfang von Zinsen und des überwiegenden Teils des Kapitals, geschuldet aufgrund einer Grapheionsurkunde; die Quittung wurde dem Großvater der Petenten ausgestellt; der Gläubiger hat anscheinend der Demosiosis zugestimmt. Die Gründe für den Antrag sind nicht recht klar, außer dem vielleicht, daß angesichts der niedrigen Restsumme (67 von 3000 Drachmen) schon für die Teilleistung eine öffentliche Urkunde erwünscht war (zum Betrag s. Kühnert, Kreditgeschäft 46 Anm. 1). Sonstige Teilzahlungen: BGU I 68 (Cheirographon) nur Zahlung des Zinses; das Darlehen ist verbunden mit einer μεσιτία (vgl. Manigk, SZ 30, 1903, 273, 298), ohne Nennung der Urkunde. PSI V 473, Col. I (Z. 1–21): Quittung über Zinsen eines Darlehens aufgrund staatsnotarieller Urkunde für das erste Jahr, im folgenden Fragment – zum Teil beschädigt – auch für die folgenden Jahre, aber weniger förmlich nur als Anhang an das erste Cheirographon. Teilzahlung in Verbindung mit einer Stundung finden wir in BGU IV 1149 (s. u. S. 23).

41 BGU I 155: Zinszahlung; Oxy. XXXI 2587: Teilleistung, für 1000 Drachmen ptol. Silbergeldes werden 1000 Drachmen neuer Prägung zurückgezahlt, diese werden im Wert nicht der Darlehenssumme entsprochen haben (vgl. Einleitung der Hgb. und Segre, Chron. d'Eg. 40, 1965, 204 ff.). BGU IV 1134: Teilzahlung eines Eranos-Darlehens; Princ. III 141: Volleistung; Genf. I 26: Leistung entsprechend dem Erbteil; Princ. III 181: Teilzahlung; Lond. II 343 (S. 213): Teilzahlung; Meyer, Ostr. 60: Zinszahlung; PSI VII 818: Zinszahlung; BGU I 24: Teilzahlung.

42 Princ. III 141, Genf. I 26.

43 BGU IV 1134, Princ. III 141.

44 BGU I 155, Oxy. XXXI 2587, Genf. I 26, Princ. III 181.

45 Die einzige Ausnahme könnte SB VI 9405 (75 a.), eine Sechszeugenurkunde sein, in der die vorzeitige Rückzahlung eines Darlehens bestätigt wird (s. Darlehen 78). Zur Sicherung des Darlehens war eine Kuh sicherungsübereignet worden. Beide Urkunden (Darlehens- und Sicherungsurkunde) sollen nun ... εἰς ἀ]κ[ύρωσιν ... zurückgegeben werden; die Ergänzung ist dem Raum nach möglich, gegen sie spricht jedoch, daß sonst noch kein Beleg für die ptolemäische Zeit vorliegt; es wird hier auch ein ἀποδιδόναι gebraucht entgegen dem später üblichen ἀναδιδόναι, das läßt vermuten, daß nur die Rückgabe festgestellt wurde, aber nicht ausdrücklich zur ἀκύρωσις, das κ ist zudem unsicher gelesen.

die Darlehensurkunde entweder für ἄκυρος zu erklären oder ihre Übergabe an den Schuldner εἰς ἀθέτησιν καὶ ἀκύρωσιν[46] zu vermerken.

Für die Fassung der Klausel und für ihre Anwendung lassen sich keine festen Regeln aufstellen. Eine Übergabe zur ἀκύρωσις kommt in den alexandrinischen Synchoresisurkunden nicht vor,[47] auch dann nicht, wenn die Darlehensurkunde anderer Art ist;[48] die Schuldurkunden werden nur für ἄκυρος erklärt.

Vom sonstigen Material werden für ἄκυρος erklärt staatsnotarielle Urkunden[49] und Bankdiagraphai.[50] Der Kreis der zur ἀθέτησις καὶ ἀκύρωσις übergebenen Urkunden ist der gleiche,[51] hinzu kommen noch Cheirographa.[52]

---

46 So die übliche Formulierung. Es begegnen jedoch auch Wendungen wie κεχιασμένην εἰς ἀκύρωσιν (Oxy. X 1282), also durchstrichen übergeben zur ἀκύρωσις, oder nur ἀναδέδωκεν κεχιασμένον (PSI XII 1235) oder allein ἀναδέδωκεν εἰς ἀκύρωσιν (BGU XI 2047). Interessant ist SB VI 9619: μοναχὸν ἀποδεδωκέναι εἰς ἀθέτησιν καὶ ἀκύρωσιν· τὸ δὲ ἕτερον χειρόγραφον φάσκειν ὁ Gläubiger παραπεπτωκέναι, ὃ καὶ συγχωρεῖ ἄκυρον εἶναι κτλ., die erste Ausfertigung wird dem Schuldner zurückgegeben, die zweite ist nach den Angaben des Gläubigers verlorengegangen und wird für ἄκυρος erklärt. Allein zur ἀθέτησις wird keine Urkunde übergeben.

47 BGU IV 1148, 1150 I, 1152, 1153 II, 1154, 1164, 1165, 1167 II, 1168, 1169, 1173, 1174 aus den Jahren 17 a. C. bis 5 a. C.; Oxy. XXVII 2471 (50). In BGU IV 1167 I erklärt der Gläubiger nur, daß er das πιττάκιον zurückgegeben habe.

48 Diagraphe: BGU IV 1163; Synchoresis und Diagraphe: BGU IV 1152, 1154, 1168; Synchoresis und andere Urkunden: BGU IV 1153 II, 1165, 1167 II, 1169.

49 Mil. Vogl. III 146 (II), SB VIII 9923 (175).

50 BGU II 472 II (141), Tebt. II 395 (150), Lond. III 1164 b (S. 156) (212) s. unten Anm. 51.

51 *Staatsnotarielle Urkunden:* BGU XI 2047 (8), Mil. 7 (39), SB VIII 9765 (81), Oxy. X 1282 (83), Lond. II 142 (S. 203) (95), Oxy. III 510 (101), Fam. Tebt. 9 (107), Warren 9 (109), Fouad I 57 (113), Ryl. II 174 (112), Mil. Vogl. IV 225 (121), Amh. II 112 (128), 111 (132), Mil. Vogl. IV 226 (135), III 158 (136), BGU II 394 (137), Ryl. II 174 a (139), Amh. II 113 (157), BGU II 514 (172), PSI XIII 1324 (173), SB VI 9369 (173), Tebt. II 397 (198).

Bankdiagraphai: Lond. III 1164 b (S. 156): ἐγδόσιμον, die διαγραφή selbst wird für ἄκυρος erklärt, g (S. 162) (212); BGU I 281 (I/II), Lond. II 332 (S. 209) = SP I 75 (166); Stud. Pal. XXII 172 (166); zu BGU I 44/II 415 s. u. S. 24.

52 PSI XII 1235 (42), Yale 63 (64), SB VI 9619 (184), Stud. Pal. XX 72 (271) (s. u. S. 27); Lond. III 1164 d (S. 158) (212) ist ein Sonderfall: Das Darlehen wurde in einem Cheirographon, das der Demosiosis unterzogen wurde, niedergelegt, die Zahlung geschah εἰς περίλυσιν καὶ ἀκύρωσιν καὶ ἀθέτησιν πάσης ὀφίλης; darin ist wohl nur eine verkürzende Redeweise zu sehen, da in Z. 17 f. wieder von der Übergabe aller Urkunden des Verfahrens εἰς ἀκύρωσιν καὶ ἀθέτησιν ὡς ἐπάνω δεδήλωται gesprochen wird.

Die Übergabe wird stets mit ἀναδιδόναι ausgedrückt;[53] die Quittungen stammen zumeist aus dem arsinoitischen Gau. Die ptolemäische Sitte, sich mit der genauen Bezeichnung der Darlehensurkunde zu begnügen, lebt weiter, aber in geringerem Umfang; sie ist nicht örtlich oder von der Art der Schuldurkunde her zu beschränken.[54]

Sofern das Darlehen noch nicht voll zurückerstattet worden ist, sei es, daß nur von einem von mehreren Schuldnern oder an einen von mehreren Gläubigern,[55] sei es, daß nur ein Teil der Summe geleistet wurde,[56] fehlen beide Formen der ἀκύρωσις. Die Leistung des Restes einer Schuld hat in dieser Beziehung die gleiche Folge wie die Volleistung.[57]

---

53 In Stud. Pal. XX 72 (271) erklärt der Schuldner in seiner subjektiv stilisierten Erklärung: ἃ ... ἀνεκομισάμην. Ausnahme ist nur SB VI 9619 (184): ἀποδεδωκέναι.

54 *Staatsnotarielle Urkunden:* SB V 8034 (Oxy.) (52), Cair. Preis. 43 (Oxy.) (59), Mich. III 194 (Oxy.) (61), Amh. II 110 (Arsin.) (75); BGU I 260 = MChr 137 (90): Die Schuld wird nur als auf dem δημόσιος χρηματισμός beruhend angegeben, ohne genaue Angabe, obwohl anscheinend der volle Betrag gezahlt wurde; eine Erklärung hierfür könnte sein, daß der Gläubiger jederzeit dem Schuldner auf dessen Verlangen eine ἐξαμάρτυρος ἀποχή ausstellen wird, und hier evtl. nur eine vorläufige Quittung vorliegt; Stud. Pal. XXII 45 (166), Lond. II 348 (S. 214) = MChr 197 (205).

Bankdiagraphai: Lond. III 1168 (S. 136) (Hermopolis) (44), Ryl. II 176 (Hermopolis) (201). Im Falle des Hawara 303 (Arsinoe) (109) soll daneben noch eine besondere ἐξαμάρτυρος ἀποχή ausgestellt werden (s. oben Anm. 12).

Cheirographa: Princ. II 34 (Theadelphia) (144), BGU VII 1656 (Arsin.) (213), Grenf. II 69 (Große Oase) (265). Auch das in Lond. III 1168 (S. 136) (44) neben der Diagraphe erhaltene Cheirographon bringt keine ἀκύρωσις. Wohl auch BGU VII 1658 (234), wo in der chirographischen Quittung das Darlehen nur als schriftlich: ἐγγράφως bezeichnet wird.

Sonstige Urkunden: Cair. Isid. 94 (Antin.) (312): ἐνεχυρασία.

55 Aus römischer Zeit: BGU VII 1657, Grenf. I 26, Mil. Vogl. III 159, PSA 29, PSI X 1140, SB VI 9201, Stud. Pal. XX 13 II Vo. BGU IV 1155 = MChr 67 (10 a.), s. u. S. 23. Zu Fam. Tebt. 7 s. u. S. 24, wo eine ἀκύρωσις entsprechend dem geleisteten Teil denkbar ist. Stud. Pal. XXII 43, Tebt. II 396.

56 BGU I 155, II 445, IV 1134, 1149, VII 1659, Harr. 66, Lond. II 341 (S. 213), Oxy. XIV 1715, XXXI 2587, Princ. III 181, PSI V 473, Stud. Pal. XX 18. Zu PSI III 159 s. oben Anm. 38 und u. 57.

57 ἄκυρος-Erklärung: BGU IV 1135; Übergabe: Amh. II 112, 113, SB VI 9619. Nur schlichte Angabe der Urkunde: Fior. I 48/Giss. I 33, Ryl. II 176. In BGU IV 1135 wird interessanterweise auch eine vorher ausgestellte Quittung über die Teilzahlung für ἄκυρος erklärt. PSI III 159: Hier handelt es sich wohl um eine Schlußrate. Zu Fam. Tebt. 10 s. u. S. 24.

Zerstört sind in diesem Punkt: Aus ptolemäischer Zeit: Amh. II 42, Petr. II 47; aus römischer Zeit: BGU IV 1170 II, Harr. 138, Oxy. I 98, VIII 1132, PSI III 198, IV 295, VI 714, 715, VIII 878, X 1156, SB VIII 9827, Stud. Pal. XXII 80.

Bei Verlust der Darlehensurkunde oder auch nur einer ihrer Ausfertigungen wird diese für ἄκυρος erklärt.[58]

VI. Als letzte der in den Darlehensquittungen üblichen Klauseln beschließt die über den Verzicht des Gläubigers, jemals gegen den Schuldner vorzugehen, die Urkunde. Die im folgenden verwendete Bezeichnung „Nichtangriffsklausel" ist plastischer und auch in der Bedeutung neutraler als der gebräuchliche Ausdruck „Abstandsklausel".

1. Sie begegnet sowohl in Privaturkunden[59] – ohne daß diese deshalb der δημοσίωσις oder der ἐκμαρτύρησις unterzogen wurden[60] – als auch in öffentlichen Urkunden.[61] Soweit es sich um eine Volleistung[62] handelt, ist sie die Regel,[63] bei Teilleistungen nur dann, wenn einer von mehreren Schuldnern den

---

[58] Lond. III 918 (S. 171) = MChr 162 (171), SB VI 9619 (184) (s. oben Anm. 46), Oxy. XIV 1716 (333). Yale 65 (138) ist wohl entsprechend zu ergänzen, παραπεπ[τωκέναι ist noch erhalten.

[59] *Ptol. Zeit:* Meyer 60, Petr. II 47, Rein. 11, SB VI 9405, Würzb. 6;
röm. Zeit: BGU VII 1656, 1658, Cair. Isid. 94, Genf. I 26, Mil. Vogl. III 146, Oxy. XIV 1716 (s. oben Anm. 38), PSI III 198, XII 1238, SB VI 9201, Stud. Pal. XX 13 Vo, Tebt. II 396, Yale 63, 65.

[60] Zustimmung zur Demosiosis: PSI III 198, XII 1238; κυρία ὡς ἐν δημοσίωι κατακεχωρισμένη: Tebt. II 396. Die anderen Urkunden (s. Anm. 59) enthalten keine dieser Klauseln.

[61] a, *Ptol. Zeit: Agoranomenurkunden:* Grenf. I 26, II 22, 26, 30, 31, Lips. 7, Ryl. IV 588; zu Rein. 12, 13, 25, 27 s. oben II 1.
b, *Röm. Zeit: Synchoreseis:* BGU IV 1135 (s. u. S. 23), 1148, 1150 I, 1152, 1153 II, 1154, 1155 (s. u. S. 23), 1164, 1165, 1167 I/II, 1168, 1169, 1170 II, 1173, 1174.
Staatsnotarielle Urkunden: Amh. II 110, 111, 112, 113, BGU II 394, 514, XI 2047, Cair. Preis. 43, Fam. Tebt. 7, 9, 10, Fouad I 57, Grenf. II 69, Lond. II 142 (S. 203), II 348 (S. 214) = MChr 197, III 918 (S. 171) = MChr 162, Mich. III 194, Mil. 7, Mil. Vogl. III 158, 159, IV 225, 226, Oxy. III 510, X 1282, Princ. II 34, III 141, PSI VI 714, X 1140, XIII 1324, Ryl. II 174, 174 a, SB V 8034, VI 9369, 9619, VIII 9765, 9827, 9923, Tebt. II 397 = MChr 321, Warren 9.
Bankdiagraphai: BGU I 281, II 415, 472 II, Fior. I 48/Giss. I 33, Lond. II 332 (S. 209) = SP I 75, III 1164 b, g (S. 156 ff.), PSI III 159, XII 1235, Ryl. II 176, Stud. Pal. XXII 70, 172, Tebt. II 395.

[62] S. hierzu oben IV 1.

[63] Sie fehlt: Stud. Pal. XX 72 (s. u. S. 27), PSI X 1131 (s. u. S. 22), Hawara 303 (s. u. S. 25): Verweisung auf eine weitere zukünftige Quittung. BGU I 260 = MChr 137 (s. oben Anm. 39): Die Erklärung liegt möglicherweise in der Bereiterklärung zur Ausstellung einer weiteren Quittung, die dann wohl endgültig sein soll.

auf ihn entfallenden Teil[64] geleistet hat oder wenn die letzte von mehreren Teilleistungen erbracht wurde.[65] Die Klausel fehlt dagegen regelmäßig bei der Leistung eines Bruchteils durch den Schuldner.[66]

2. Grammatikalisch hängt die Erklärung bei den Homologien stets von dem anfänglichen ὁμολογεῖν des Gläubigers ab; bei den übrigen Cheirographa ist auch diese Erklärung selbständig in der ersten Person gefaßt.

a) In ptolemäischer Zeit wird in der Regel nur ein μὴ ἐπελθεῖν oder μὴ ἐγκαλεῖν homologiert, örtliche Unterschiede sind nicht ersichtlich,[67] z. B.: μὴ ἐπικαλεῖν περὶ τῶν διὰ τοῦ δανείου πάντων τρόπωι μηδενί (Grenf. I 26); nur vereinzelt begegnen die Ausdrücke nebeneinander.[68]

In römischer Zeit dagegen wird es üblich, die Wendungen zu häufen, z. B.: καὶ μηθὲν ἐγκαλεῖν μηδ᾽ ἐγκαλέσειν μηδ᾽ ἐπελεύσεσθαι μήτε περὶ τούτων μηδὲ περὶ μηδενὸς ἁπλῶς μέχρι τῆς ἐνεστώσης ἡμέρας (Mich. III 194). Üblich ist die Verwendung der Worte ἐγκαλεῖν und ἐπέρχεσθαι, getrennt oder kumulativ. Daneben begegnen zuweilen Wendungen, wie καὶ μηδεμίαν καταλείπεσθαι ἔφοδον,[69] μηδὲν ἐνάγειν ἢ δωκιμάσειν μηδ᾽ ἐπελεύσασθαι μηδ᾽ ἐπιτιμᾶν,[70] μὴ ἐπιπορεύεσθαι,[71] καὶ οὐ μετελεύσομαι εἰς περίλυσιν τῆς διαγραφῆς.[72] In der Spätzeit erklärt der Gläubiger auch: καὶ οὐδένα λόγον ἔχω πρός σε.[73]

---

64 BGU IV 1155 (s. u. S. 23), Fam. Tebt. 7, 10 (s. u. S. 24), Grenf. II 22, 31, Lips. 7, Mil. Vogl. III 159, PSA 29, SB VI 9201 (s. u. S. 26), Stud. Pal. XX 13 Vo, XXII 43, 45, Tebt. II 396. Ausnahme ist BGU VII 1657: Bei Zahlung der einen Hälfte durch einen Gesamtschuldner wird die zweite Hälfte vorbehalten.

65 Amh. II 112, 113, BGU IV 1135, SB VI 9619; in Fior. I 48/Giss. I 33 und Ryl. II 176 wird jeweils ein Teil geleistet und ein Restbetrag erlassen. Die Klausel fehlt dagegen in Hamb. I 1, erklärlich, da es sich um eine unselbständige Bankdiagraphe handelt. Oxy. I 98 ist insoweit beschädigt.

66 BGU I 24, 68, 155, IV 1134, 1149, VII 1659, Harr. 66, Lond. II 341 (S. 213), 343 (S. 213), Oxy. XIV 1715, XXXI 2587, Princ. III 181, PSI V 473, VII 818, IX 1023, Stud. Pal. XX 18. Meyer 60, eine Zinszahlungsquittung enthält die Wendung κ᾽ οὐδέν σοι ἐγκαλῶ (s. unten Anm. 74). BGU II 445 bringt die Klausel, aber auch für die verbleibende Restsumme eine neue (?) Straf- und Praxisklausel, anders als BGU IV 1149.

67 Grenf. I 26, II 22, 30, 31, Lips. 7, Rein. 11, 12, 13, 25, 27, Ryl. IV 588.

68 Würzb. 6 (102 a.): ἐγκαλεῖν, ἐπελθεῖν, ἐμποιεῖσθαι; SB VI 9405 (75 a.): ἐπελεύσεσθαι, ἐγκαλεῖν; Grenf. II 26 (103 a.): ἐπικαλεῖν, ἐπελεύσεσθαι.

69 BGU IV 1124 (18 a.), 1153 II (14 a.), 1165 (13 a.), 1167 I (12 a.), 1167 II (12 a.).

70 SB VIII 9827 (Oxy.) (29/37).

71 Oxy. XXVII 2471 (Oxy.) (50).

72 Fior. I 48/Giss. I 33 (222).

b) Der Gläubiger erklärt den Klageverzicht aktiv für sich und seine Leute (οἱ παρ' αὐτοῦ) und entsprechend passiv gegen den Schuldner und dessen Leute, bei Teilleistung nach Kopfteilen nur gegen den leistenden Schuldner, in der Regel verbunden mit dem Vorbehalt gegen die übrigen Schuldner.

c) Den Gegenstand, hinsichtlich dessen auf ein Vorgehen durch den Gläubiger verzichtet wird, bildet in ptolemäischer Zeit regelmäßig die erhaltene Leistung,[74] zum Teil aufgegliedert in Kapital und Zins,[75] und nur ausnahmsweise wird noch jede andere Verbindlichkeit mit einbezogen.[76]

Letzteres wird dagegen in römischer Zeit zur Regel; zudem wird noch eine zeitliche Erstreckung angefügt, so daß die Klausel alle Verbindlichkeiten von früheren Zeiten bis zum Tag der Quittungserteilung erfaßt. Typisch ist die Formulierung: καὶ μὴ ἐπελεύσεσθαι ... μηδὲ περὶ ἄλλου μηδενὸς ἁπλῶς πράγματος μηδὲ ὀφειλήματος μηδὲ παντὸς τῶι καθόλου συναλλάγματος μηδ' ἐγγράπτου μηδὲ ἀγράφου ἀπὸ τῶν ἔμπροσθεν χρόνων μέχρι τῆς ἐνεστώσης ἡμέρας τρόπωι μηδενί (SB VI 9619) (184).[77] Danach wird der Gläubiger in keiner Weise gegen den Schuldner vorgehen weder wegen der getilgten Schuld noch wegen irgendeiner anderen Angelegenheit, Schuld oder eines anderen Vertrags, schriftlich oder schriftlos, von früheren Zeiten bis zum Tag der Quittungserteilung. Damit hat sich die Klausel von einer zeitlich wie objektmäßig gebundenen Klageverzichtserklärung zu einer auf eine Art „Generalbereinigung“ der bestehenden Beziehungen zwischen Gläubiger und Schuldner gerichteten Klausel gewandelt.

---

73 Grenf. II 69 (265), Lips. 14 (391), Cair. Isid. 94 (312).

74 Grenf. I 26, II 22, 26, 31, Rein. 11, 12, 13, 25, 27, Lips. 7, SB VI 9405. Meyer 60: Die Worte κ'οὐθέν σοι ἐγκαλῶ sind mit dem Hgb. nur auf die Zinszahlung zu beziehen, nicht auf das ganze Darlehen, da in ptolemäischer Zeit das Objekt der Erklärung regelmäßig nur die erbrachte Leistung ist, nicht das gesamte Verhältnis zwischen Gläubiger und Schuldner.

75 Würzb. 6.

76 Ryl. IV 588, Würzb. 6: καὶ μηθὲν ἐγκαλεῖν αὐτοῖς ὑπὲρ τούτων καὶ μὴ ἐξέστω dem Gl. ἐπελθεῖν ἐπὶ den Sch. περὶ τῶν προγεγραμμένων πυροῦ ἀρταβῶν 12 καὶ τῶν τούτων διαφόρων καὶ τῶν [...] μηδὲ περὶ μέρους αὐτῶν μηδ'ἐμποιήσασθαι κατὰ μηθένα τρόπον μηδ'ἄλλου μηθενὸς ἁπλῶς ὀφειλήματος μηδ'ἐγκλήματος μηδὲ πράγματος ἐγγράπτου ἢ ἀγράπτου· κτλ.

77 In mehr oder weniger ausführlicher Weise entsprechen sich alle Urkunden der Römerzeit, so daß sich eine Aufzählung erübrigt. In dieser Urkunde wird die Klausel für die ganze geschuldete Summe aufgestellt, deren letzter Teil jetzt geleistet worden war.

VII. Sonstige Klauseln

Nicht regelmäßig im Formular auftauchende Klauseln sind die μὴ ἐλαττουμένου-, die Straf- und die Kyriaklausel.

1. Die μὴ ἐλαττουμένου-Klausel.

Der Gläubiger behält sich damit weitere Ansprüche gegen den Schuldner oder einen anderen Mitschuldner vor.[78] Aus ptolemäischer Zeit ist kein Beleg überliefert, auch die „General"-Quittungen Ryl. IV 588 und Würzb. 6 bilden kein Beispiel.

Sie taucht erst in römischer Zeit auf. Bei Volleistung bezieht sie sich auf weitere Schulden desselben Schuldners,[79] bei Teilleistungen entsprechend dem Kopfteil[80] auf die restlichen Kopfteile, bei den sonstigen Teilleistungen auf den Rest der Schuld.[81] Sie begegnet sowohl in Quittungen mit wie auch in solchen ohne[82] Nichtangriffsklausel, im ersten Fall folgt sie dieser unmittelbar. Daneben sind Belege für Teilleistungen vorhanden, in denen eine Nichtangriffsklausel ohne Vorbehaltsklausel auftaucht.[83] Die Form der Urkunde spielt ebensowenig eine Rolle wie bei der Nichtangriffsklausel. Die Formulierung schwankt; die Hauptform ist die folgende: μηδὲν ἐλαττουμένου (der Gläubiger) περὶ (ὑπὲρ) (ἐν οἷς) ἄλλων ὧν ὀφείλει ὁ Schuldner.[84] Daneben begegnet auch: χωρὶς ἄλλων ὧν ὀφείλει[85] und μενόντος τοῦ λόγου περὶ . . .[86] Nur zuweilen wird das Objekt des Vorbehalts genannt, so μ. ἐ. ἐν τῆι πράξει τοῦ κεφαλαίου[87] oder entsprechend ἐν τῶι ἐφόδωι.[88]

---

78 Aus der Lit. s. zunächst nur Schnorr v. Carolsfeld, SZ 55 (1935) 291.

79 Fam. Tebt. 9 (107), PSI III 159 (151) (s. oben Anm. 38), X 1131 (41), XII 1235 (42), Stud. Pal. XXII 70 (III), Amh. II 113 (157): Zahlung einer Schlußrate.

80 BGU IV 1155 (10 a.), VII 1657 (231), SB VI 9201 (203), Stud. Pal. XX 13 Vo (254), PSI X 1140 (139): Hier ist die Nichtangriffsklausel schon in sich auf die geleisteten 2/3 beschränkt.

81 BGU I 68 (113), 155 (153), Harr. 66 (155), Lond. II 341 (S. 213) (183), 343 (S. 213) (188), PSI V 473 (168), Stud. Pal. XX 18 (205).

82 S. Anm. 81 und BGU VII 1657, PSI X 1131.

83 Mil. Vogl. III 159, PSA 29.

84 BGU I 68, 155, IV 1155, Fam. Tebt. 9, Lond. II 341, 343 (S. 213), PSI III 159, V 473, X 1131, 1140, XII 1235, SB VI 9201, Stud. Pal. XXII 70.

85 Amh. II 113.

86 Harr. 66 (155), Stud. Pal. XX 18 (205), 13 Vo (254), BGU VII 1657 (231).

87 PSI V 473 (168), SB VI 9201 (203).

88 BGU IV 1155 (10 a.).

2. Die Quittungen enthalten in der überwiegenden Mehrzahl keine Strafklausel. Die Urkunden ptolemäischer Zeit[89] sind zur Hälfte damit versehen; in römischer Zeit[90] nur, soweit sie aus dem ersten Jahrhundert stammen. Die Formulierung lautet in aller Regel εἰ δὲ μή, ἥ τ' ἔφοδος τῶι ἐπιπορευομένωι ἄκυρος ἔστω, καὶ προσαποτεισάτωι κτλ. (Grenf. II 26). D. h. der entgegen dieser Nichtangriffsklausel erfolgte Angriff des Gläubigers gegen den Schuldner soll ἄκυρος[91] sein, also unwirksam; weiter sind die vorgesehenen Strafen verfallen.[92] Eine Praxisklausel für die verfallene Strafsumme begegnet nicht. Trotz des Verfalls der Strafsumme und – wie zu unterstellen ist – der Bezahlung soll die Quittung auch weiterhin gültig sein, formuliert entweder mit den Worten μηδὲν ἧσσον κυρία ἔστω[93] oder hauptsächlich in den alexandrinischen Synchoresis-Urkunden[94] mit χωρὶς τοῦ μένειν κυρία. Die Formulierung ist unabhängig von der Form der Urkunde.

3. Von dieser Art der Kyria-Klausel ist die gewöhnliche Fassung der Kyria-Klausel ohne Anschluß an die Strafklausel zu scheiden, die nur bei Privaturkunden auftritt.[95] Sie begegnet in ptolemäischer Zeit gar nicht, in römischer nur selten.[96] Einige Urkunden sollen einer öffentlichen Urkunde gleichgestellt werden.[97] Ihr Auftreten ist völlig regellos, Gründe für das Vorkommen oder das Fehlen lassen sich nicht feststellen; sie können weder in der Stilisierung als Cheirographon noch in der Art der Leistung noch in der Natur der Schuldurkunde gefunden werden.

---

89 Grenf. II 26, 30, Petr. II 47, Rein. 11, 12, 13, 25, Ryl. IV 588, SB VI 9405, Würzb. 6.

90 BGU IV 1124, 1148, 1150 I, 1152, 1153, 1154, 1164, 1165, 1167, 1168, 1173, 1174, Cair. Preis. 43, Mich. III 194, Oxy. X 1282, SB VIII 9765.

91 Allgemein zur Bedeutung s. unten S. 77 f.

92 Zu den Arten s. BERGER, Strafklauseln 188 ff.

93 Z. B. Grenf. II 26, 30, Rein. 11, 12, 13, 25. In Würzb. 6 ist die betreffende Stelle zerstört; WILCKEN – in der Anmerkung zu Z. 29 – möchte die entsprechende Ergänzung verneinen, seine Begründung, hier sei die einfache Kyriaklausel üblich, trifft nicht zu, vielmehr ist gerade die μηδὲν ἧσσον-Klausel üblich; allerdings erscheint der zur Verfügung stehende Raum etwas knapp, wenn nicht eine Abkürzung verwendet wurde.

94 Z. B. BGU IV 1124, 1148, 1150 I, 1167, 1168.

95 S. hierzu HÄSSLER, Kyriaklausel 13 ff.

96 Oxy. XIV 1715, 1716, XXXI 2587, SB VI 9201, Yale 63, 65.

97 Κύριον ὡς ἐν δημοσίωι κατακεχωρισμένον: Tebt. II 396, BGU I 260, die Zustimmung zur Vornahme der Demosiosis neben der Kyriaklausel liegt vor in PSI III 198, XII 1238, und ein Antrag auf Demosiosis in Harr. 66.

VIII. Sonderfälle.

A. Das bislang aus den Quittungen allein gewonnene Bild wird durch die nicht sehr zahlreichen Fälle ergänzt, in denen Darlehensurkunde und Quittungen erhalten sind.

1. Rein. 26 und 27 (104/103 a.).
Die Quittung ist weitgehend ergänzt; jedoch ist ersichtlich, daß keine Akyrosis-Klausel gegeben war, unsicher bleibt dagegen der Umfang der Nichtangriffsklausel.

2. SB VIII 9827 (29–37).
Das Darlehen ist gekoppelt mit einem Wohnrecht als Zinsantichrese. Soweit ersichtlich, sind Darlehen und Quittungsurkunde staatsnotarielle Schriftstücke. Die Quittung bricht vor der ἀκύρωσις-Klausel ab; über eine Durchstreichung der Darlehensurkunde ist in der Edition nichts vermerkt. Da auch eine Angabe der Hände fehlt, läßt sich über die Eigenschaft als Original oder Kopie nichts sagen.

3. Lond. III 1168 (S. 136) (44) bringt in Z. 1–17 einen Mietvertrag (Agoranomenurkunde, ausgefertigt durch den Gehilfen des Agoranomen mit eigenhändiger Hypographe der Schuldnerin), der als Zinsantichrese für ein dem Vermieter durch Diagraphe ausgezahltes Darlehen gedacht ist. Eine chirographische Quittung (Z. 32–48) bestätigt die vorzeitige Rückzahlung des Darlehens. Vorher geht jedoch die Anweisung des Gläubigers an den Trapeziten (Z. 18–20), die περίλυσις[98] der Diagraphe über die Auszahlung sowie der μίσθωσις vorzunehmen. Die Diagraphe (Z. 49–61) ist eine unselbständige Diagraphe,[99] die durch das Cheirographon ergänzt wird, und enthält nur die Tatsache der Zahlung, aber keine der sonst üblichen Klauseln. Von der Kongruenz oder dem Gleichgewicht der Formen zwischen Darlehensurkunde und Quittung kann nur beschränkt die Rede sein, insofern als zu dem Cheirographon noch eine Bankurkunde hinzutritt. Eine Durchstreichung der Urkunde oder ihre Aushändigung an die Schuldnerin wird nicht angeführt.

4. Oxy. II 318 (59), Oxy. II 306 (descr.) = Cair. Preis. 43 (59) (Neudruck in Aegypt. 46, 1966, 269, 272) (staatsnotarielle Urkunden). Nr. 318 enthält

---

[98] Zur περίλυσις s. noch u. S. 70 f.

[99] Zur Unterscheidung zwischen selbständiger und unselbständiger Diagraphe s. nur Meyer, JP S. 95 f.

die Kreditierung des Restkaufpreises eines Hauses in Darlehensform. Nr. 306 ist die Quittung über die Zahlung, sie entspricht dem üblichen Schema, eine ἀκύρωσις oder Rückgabe der Darlehensurkunde ist nicht erwähnt, diese wurde jedoch durchstrichen.

5. Mich. III 191/192 und 194 (60/61) (Agoranomenurkunden). Eine Frau gibt ihrem Mann ein Darlehen von 200 Drachmen,[100] zurückzahlbar innerhalb von 60 Tagen nach Verlangen.[101] Die Quittung in Nr. 194 entspricht dem üblichen Muster, es fehlt nur eine ἀκύρωσις der Darlehensurkunde. Die Darlehensurkunde ist in zweifacher Fertigung erhalten, allein Nr. 192 ist durchstrichen worden. Die Fundumstände der drei Urkunden sind unklar (vgl. die Einleitung des Hgb. und unten S. 34 Anm. 44). Am wahrscheinlichsten ist jedoch, daß der Schuldner die Quittung in Händen hatte und daß deshalb auch die beiden anderen Urkunden bei ihm waren; es wird deshalb das nicht durchstrichene Exemplar Nr. 191 die Ausfertigung für den Schuldner gewesen sein und das durchstrichene bei Rückgabe ihm durch die Frau ausgehändigt worden sein.

6. BGU II 472 (139/141).
Col. I enthält die durchstrichene Darlehensurkunde, eine Grapheionsurkunde, die angeklebte Col. II ist die – selbständige – Bankurkunde über die Rückzahlung. Die Quittung bezeichnet die Darlehensurkunde als ἄκυρος; ihre Übergabe wird nicht erwähnt, ist aber geschehen, wie sich aus der Verbindung beider Urkunden ergibt.[102]

7. BGU XI 2043 und Stud. Pal. XXII 43, Lond. II 360 (S. 216), Stud. Pal. XXII 45 (150/151/166) (Agoranomenurkunden). Darlehen eines Sohnes an seine Mutter (BGU XI 2043) über 840 Drachmen; Teilbeträge wurden zurückgezahlt lt. Stud. Pal. XXII 43, Lond. II 360[103] und der Rest im Jahre

---

[100] Die Gründe für die genaue Bezeichnung der Herkunft des Geldes aus dem Verkauf eines ererbten Hausteils sind nicht recht ersichtlich.

[101] Die 60-tägige Kündigungsfrist, die für die Rückgabe der Mitgift durch den Mann nach einverständlicher Scheidung typisch ist, läßt daran denken, daß wirtschaftlich weniger ein Darlehen als eine Erhöhung der Mitgift beabsichtigt war. Vgl. MERKLEIN, Das Ehescheidungsrecht nach den Papyri der byzantinischen Zeit 93 f.

[102] Vgl. im übrigen SCHWARZ, Urkunde 74 f., PREISIGKE, Girowesen 217 f.

[103] Diese Urkunde ist zu zerstört, um Genaueres feststellen zu können; jedoch scheinen die geringfügigen Abweichungen im Wortlaut eine Gleichsetzung mit Stud. Pal. XXII 43 zu verbieten.

166 lt. Stud. Pal. XXII 45.[104] Die Quittungen entsprechen dem üblichen Formular der Teilquittungen (s. oben II, III) für Leistungen nach Kopfteilen.[105] Die Quittung über die Schlußzahlung enthält keinen Hinweis auf die Rückgabe oder Durchstreichung der Darlehensurkunde, die mehrfach durchstrichen ist.

8. Einen Sonderfall haben wir in PSI X 1131 (41/44).
An den Schluß der Darlehensurkunde wurde nach Rückzahlung ein kurzer Vermerk über die Rückgabe der Urkunde an den Schuldner gesetzt, die denn auch durchstrichen ist, ohne Hinweis auf die erfolgte, aber doch zu vermutende Zahlung. Ob eine weitere ausführliche Quittung über die Rückzahlung mit Nichtangriffsklausel und dergleichen errichtet wurde, wissen wir nicht.

9. Sehr wahrscheinlich stellt Mil. Vogl. IV 225 (121?) die agoranomische Quittung des agoranomischen Darlehens Mil. Vogl. IV 224 (109) dar. Die Darlehensurkunde wurde zur ἀκύρωσις zurückgegeben, eine Durchstreichung ist nicht ersichtlich.[106]

10. Nicht hierher gehören Giss. I 33/Fior. I 48, da Fior. I 46 aufgrund der neuen Lesung Wilckens[107] nicht die dazugehörige Schuldurkunde bildet.

B. Aus dem Bereich der Darlehensquittungen bedürfen noch einige Urkunden näherer Betrachtung, da sie nicht in allen Punkten in das übliche Formular passen oder auch in der Literatur einer längeren Diskussion unterzogen wurden.[108]

---

104 Zu den sonstigen Einzelheiten des Geschäfts vgl. die Einleitung zu BGU XI 2043.

105 Unklar ist noch, weshalb die Töchter der Darlehensnehmerin, die Schwestern des Darlehensgebers, jeweils den auf sie entfallenden Anteil (τὸ ἐπίβαλλον μέρος) zahlen, da die Schlußrate von der Mutter gezahlt wird, die im Jahre 166 noch lebt (s. Weber, OR 75, 96).

106 Wann das Darlehen zurückzuzahlen war, läßt sich aus der zerstörten Darlehensurkunde nicht mehr entnehmen.

107 Wilcken, Arch. 4 (1908) 433. Die Zweifel Preisigkes, Girowesen 521 ff. an der Quittierung einer Darlehensrückzahlung in Fior. I 48 sind nicht berechtigt; er will statt dessen nur eine Zahlung des Zinses annehmen. Die Ergänzung von τόκων in Z. 4 ist nicht zwingend; ein Betrag wird bei der Zinszahlung nur sehr selten genannt (vgl. oben Anm. 29); die Nichtangriffsklausel ist typisch für eine völlige Erledigung des Geschäfts und nicht für eine bloße Aufschiebung der Einforderung (s. u. S. 97 ff.).

108 Nicht zu den Darlehensquittungen gehört Oslo III 130: Es handelt sich nicht um die Rückzahlung eines Darlehens; soweit ersichtlich, werden der Empfängerin Auf-

1. BGU IV 1149 (13 a.).
Die Schuldner hatten vom Gläubiger früher zwei Darlehen erhalten von insgesamt 550 Drachmen, davon haben sie jetzt 222 Drachmen und Zinsen gezahlt. In der vorliegenden Synchoresis wird der Restbetrag von 328 Drachmen gestundet auf zwei Monate. Die Urkunde enthält außer dem Empfangsbekenntnis keine der sonst üblichen Klauseln einer Quittung, sondern entspricht im übrigen dem Darlehensformular;[109] die beiden Schuldurkunden bleiben – mit ihren Festsetzungen über die Vollstreckung – in Kraft (Z. 33).

2. BGU IV 1135 (10 a.).
Der Rest eines Eranosdarlehens[110] wird vorzeitig zurückgezahlt. In der vorliegenden Urkunde[111] bestätigt der Gläubiger, der Eranarch, den Empfang und erklärt die Darlehensurkunde für ἄκυρος, außerdem verzichtet er auf ein Vorgehen gegen die Schuldner; die Schuldner ihrerseits erklären eine durch den Eranarchen für die monatliche Ratenzahlung ausgestellte Quittung für kraftlos[112] und verzichten auf ein Vorgehen gegen ihn. Es wird sich bei dieser ἰδιόγραφος (ἀποχ?) um eine vorläufige handschriftliche Quittung handeln, die durch die jetzige Urkunde ersetzt werden soll. Der Sinn lag wohl darin, den Eranarchen gegen eine mögliche Behauptung der Schuldner zu schützen, ausweislich der zwei Quittungen doppelt geleistet zu haben.

3. BGU IV 1155 = MChr 67 = CPJ II 148 (10 a.).
In der Synchoresis wird die Zahlung des auf die Freigelassene – wohl aufgrund Erbfolge – entfallenden hälftigen Anteils einer Schuld bestätigt.[113] Schuldurkunde ist ein πιττάκιον in Verbindung mit einer συγχώρησις-Urkunde, die evtl. eine ἐκμαρτύρησις verkörpern soll.[114] Interessant ist die Sti-

wendungen anläßlich des Todes des Ehemanns der Zahlenden sowie die Auslösungssumme eines Pfandes ersetzt. Weitere Einzelheiten sind der zerstörten Urkunde nicht zu entnehmen.

109 S. Darlehen 24 ff.

110 Zum Eranos-Darlehen s. allgemein VONDELING, Eranos, Groningen 1961, und KÜHNERT, Kreditgeschäft 81 ff.

111 Vgl. oben Anm. 38.

112 So werden Z. 10 f. zu verstehen sein; die Beschädigung der Zeilenenden läßt nichts Genaueres erkennen.

113 Zu der Frage, ob im Mahnverfahren oder aufgrund eines Prozeßvergleichs geleistet wurde, vgl. zuletzt WEBER, OR 164 f. Hier ist nicht näher darauf einzugehen.

114 Vgl. JÖRS, SZ 34 (1913) 134 f., SCHWARZ, Hypothek 77 f., 86 f., ablehnend TCHERIKOVER, CPJ II S. 22.

lisierung der Urkunde, nach der der eigentliche Inhalt die Nichtangriffsklausel – in der üblichen breiten Form der „Generalbereinigung" – ist, motiviert allein durch die partizipal vorangehende Erwähnung der Einforderung und des Empfangs.

4. BGU I 44 (Juli 102)/BGU II 415 = MChr 178 (Oktober/November 102?). Der Vater des Gläubigers hat von dem Schuldner die Leistung angenommen und hierüber ein Cheirographon ausgestellt (Nr. 44), in dem er auch zusagte, er werde seinen Sohn zur Ausstellung einer ἀποχή und zur Rückgabe der Darlehensurkunde εἰς ἀθέτησιν καὶ ἀκύρωσιν veranlassen. Der Sohn stellt dem Schuldner drei bis vier Monate (?) später eine διαγραφὴ τραπέζης aus (Nr. 415), in der er den Empfang der Leistung feststellt und die Übergabe der διαγραφή über die Schuld εἰς ἀκύρωσιν. Die Nichtangriffsklausel in kurzer Fassung wird abgegeben, außerdem wird die Quittung des Vaters für ἄκυρος erklärt. Nr. 44 wird als ἀποχή bezeichnet (Nr. 415 Z. 22), der Ausdruck ἕτερα ἀποχή zeigt aber auch, daß Nr. 415 ebenfalls als ἀποχή aufgefaßt wird.

Ein Fall der direkten Vertretung durch den Vater liegt nicht vor.[115] Die Lage scheint so zu sein, daß der Vater dem Sohn die Summe gezahlt hat, dafür spricht auch, daß der Sohn in Nr. 415 nicht erklärt, von wem er das Geld erhalten hat. Diese Erklärung Webers ist der Wengers vorzuziehen, der eine fiktive ἀπέχειν-Erklärung annehmen wollte.

5. Fam. Tebt. 7 (102), 10 (108):
Zwei Teilquittungen in staatsnotarieller Form über eine Leistung aufgrund einer συγγραφοδιαθήκη.

Im Jahre 87 wollte Taubarion ihrer Tochter Apollonarion nach ihrem Tode 2000 Drachmen zukommen lassen; sie schloß daher mit ihren drei Söhnen Herakleides, Lysimachos und Apollonios eine συγγραφοδιαθήκη (Grapheionsurkunde) (vgl. zu diesem Begriff Kreller, Erbrechtliche Untersuchungen 242 f.). Nach dem Tode der T. wären die 2000 Drachmen an Apollonarion zu leisten, aber ihr Mann Kronion schließt mit den Brüdern einen Vertrag (Cheirographon), nach dem die 2000 Drachmen bei diesen bleiben als verzinsliche Summe.

Herakleides, der in Nr. 7 und 10 leistende Schuldner, hat von dieser Summe 1204 Drachmen; er zahlt (Nr. 7) zuerst an den Sohn der Apollonarion und des Kronion Dioskuros und zuletzt an den 3. Sohn Kastor (Nr. 10)

---

115 Wenger, Stellvertretung 200, Weber, OR 57 ff.

je ein Drittel, die zweite Quittung über die Leistung an den zweiten Sohn Lysimachos ist nicht erhalten.

Über die Verhältnisse bezüglich der restlichen 796 Drachmen ist nichts ersichtlich. Wie Herakleides die 1204 Drachmen erhalten hat, ist nicht klar; entweder wurden sie ihm vom Kronion überwiesen – dann bezieht sich die in Nr. 10 Z. 24 erwähnte Diastole hierauf und das Cheirographon ist ein normaler Darlehensvertrag – oder aber er hat sie aus der gemeinsamen Erbmasse durch Überweisung von seinen zwei Brüdern und Miterben erhalten – dann bezieht sich die διαστολή auf diese Überweisung und das Cheirographon stellt eine Novation der schon aufgrund der συγγραφοδιαθήκη bestehenden „Forderung" dar –. Bedenken sind begründet durch die unterschiedliche Fassung in Nr. 7 (ἀκύρωσις eines Teils des Cheirographons) und Nr. 10 (ἀκύρωσις der διαστολή). Der Inhalt der beiden Quittungen ist im einzelnen: Nr. 7: Quittung über ein Drittel von 1204 Drachmen, Zinsen einschließlich der vom Vater zu Lebzeiten noch in Empfang genommenen, Aufrechterhaltung des Cheirographons (μένειν κύριον, Z. 18) mit Ausnahme der gezahlten Summe. Nr. 10: Quittung über das letzte Drittel der 1204 Drachmen, Zinsen einschließlich der an den Vater geleisteten, ἀκύρωσις-Erklärung der διαστολή infolge der Leistung an alle drei Gläubiger, Aufrechterhaltung der Quittungen, die die anderen zwei dem Schuldner ausgestellt hatten.

6. Hawara 303 (= Arch V 392 f.) (109).
Eine unselbständige διαγραφὴ τραπέζης über die Rückzahlung eines Darlehens; es wird auch auf eine daneben bestehende ἑξαμάρτυρος ἀποχή (s. dazu oben Anm. 12) verwiesen, die nicht erhalten ist. Das Darlehen wurde gegeben aufgrund einer Darlehensurkunde unbekannter Art und einer ebenfalls unselbständigen διαγραφή.[116]

7. BGU I 179 (= Preisigke BL I S. 24) (II.).
Die ungewöhnlich stilisierte Urkunde birgt auch infolge ihrer Beschädigung einige Unklarheiten in sich. Je nach Ergänzung, insbesondere von Z. 24 f. ist Aussteller der Gläubiger oder der Schuldner.[117] Eine sichere Entscheidung bringt auch die neue Ergänzung Kühnerts nicht.

Wenn Aussteller der Schuldner ist, so kann es sich um eine Novation handeln für den Rest des noch nicht gezahlten Zinses. Dagegen spricht nicht die Erwähnung der Aushändigung einer Urkunde an den Aussteller (Z. 9 f.), die herkömmliche Auslegung versteht darunter die Quittung für den schon ge-

116 Vgl. Schwarz, Urkunde 79 Anm. 4.

117 Zum Stand der Diskussion s. Weber, OR 180 f., Kühnert, Kreditgeschäft 46 ff.

leisteten Zins. Die hier fehlende Praxisklausel kann möglicherweise durch die der ersten Schuldurkunde ersetzt werden.

Wenn Aussteller der Gläubiger ist, dann handelt es sich hier um eine Teilquittung (Z. 1–23) für gezahlten Zins, verbunden mit einer Stundung des Restes. Die in Z. 9 f. genannte Urkunde ist dann die Schuldurkunde über das Kapital. Z. 24 ff. stellen folglich eine später ausgestellte Quittung über den Rest dar und nicht die Hypographe des Gläubigers zur Novation. Nur wenn entgegen KÜHNERT[118] in der vorliegenden Urkunde das Hauptgewicht auf der Stundung liegt, erklärt sich auch ihre später erfolgte Durchstreichung.

8. SB VI 9201 (203).
In chirographischer Form quittiert die G drei Schuldnerinnen A, B und C die Teilrückzahlung eines Darlehens, das aufgrund einer Diagraphe ausbezahlt worden war. G hatte – wohl durch eine Erbteilung (Z. 9 ff.) – Teile zweier Forderungen aus einer Erbmasse erhalten, eine gegen A und B, die andere gegen A, B und C; der Anteil der G an der zweiten Forderung wird zurückgezahlt. Das Fehlen einer ἀκύρωσις der Diagraphe ergibt sich aus der noch bestehenden entsprechenden Teilforderung des Bruders der G; das Fehlen einer Nichtangriffsklausel im Hinblick auf A und B ergibt sich wiederum aus der noch nicht getilgten ersten Forderung gegen A und B, die G erklärt nur gegenüber C: οὐδένα λόγον ἔχω.

9. Lond. III 1164 d (S. 158 f.) (212).
Quittung über Rückzahlung eines Darlehens aufgrund eines Cheirographons, das der δημοσίωσις unterzogen worden war, sowie über die Zahlung der Unkosten der bereits eingeleiteten Vollstreckung in einer Diagraphe. Der Gläubiger gibt sich mit 600 Drachmen (300 Drachmen Darlehen + Unkosten) anstelle eines höheren Betrags zufrieden[119] und quittiert in sonst üblicher Form. Es handelt sich demnach um einen Teilerlaß. Zur ἀκύρωσις werden zurückgegeben die βιβλία ἐκ τῆς πράξεως, also wohl alle im Zusammenhang mit der Vollstreckung stehenden Urkunden, darunter auch die Darlehensurkunde oder deren Ausfertigung.

---

118 AaO. 49 Anm. 3.

119 Zur pfandrechtlichen Seite s. SCHWARZ, Hypothek S. 111 f. Zu Z. 10 (κατὰ παράκλησιν ὑπὲρ διαλύσεως) s. MITTEIS, SZ 28 (1907), 383, 495: Eine vergleichsweise erfolgte Erledigung des Geschäfts; von einer zwangsweise erfolgten „Totmachung" der Urkunde (so PREISIGKE, Girowesen 532 ff.) ist nicht die Rede (PARTSCH, GGA 1910, 759).

10. SB V 7634 (249).
Ein Hypomnema mit dem Antrag auf Löschung einer κατοχὴ ὀνόματος[120] nach Rückzahlung des Darlehens und Quittungserteilung.[121] Entgegen MAROI[122] und der Ansicht des Hgb. im SB hat es aber keinen Antrag auf Annullierung des der δημοσίωσις unterzogenen Darlehensschuldscheins zum Inhalt, dieser wurde schon durch die Quittung, eine διαγραφὴ τραπέζης, entkräftet (Z. 37 ff.).

11. Stud. Pal. XX 72 = CPR I 9 (271).
Fall einer *datio in solutum*.[123] Der Darlehensschuldner verkauft dem Gläubiger ein Haus; den Kaufpreis, der der aus drei verschiedenen Darlehen herrührenden Darlehensschuld entspricht, bekennt er, empfangen zu haben. Ob eine Quittung über die Rückzahlung des Darlehens ausgestellt wurde, ist nicht zu klären. Der Darlehensschuldner hat aber die drei Darlehensurkunden zurückbekommen, sonstige Quittungsklauseln fehlen.

§ 2 *Pacht und Miete*

Der Begriff μίσθωσις umfaßt im griechischen Recht neben Pacht und Miete auch noch die entgeltliche Übernahme von Tätigkeiten. Nur diese letzte Gruppe wird gesondert behandelt werden (s. unten § 3). Quittungen über Pachtzins- und Mietzinszahlungen werden im folgenden nicht getrennt, da sich Pacht und Miete nach griechischem Recht in der Begründung wie auch in der Quittierung nicht unterscheiden.

I. Muster einer Pachtzinsquittung ist z. B. Mil. Vogl. II 54 (144):
Πτολλαρίων καὶ Πάτρων . . . Κρονίωνι . . . χαίρειν.
Ἀπέχομεν παρά σου τὰ ἐκφόρια καὶ τοὺς φόρους ὧν γεωργεῖς ἡμῶν κατὰ τὰ ἐπιβάλλοντα ἡμίσεα μέρη περὶ κώμην Θεογονίδα κλήρου Πυρροῦ λεγομένου τοῦ τε πέμπτου καὶ ἕκτου καὶ ἑβδόμου ἔτους Ἀντωνίνου Καίσαρος τοῦ

---

120 S. TAUBENSCHLAG, Law 225 f., von WOESS, Urkundenwesen 195.

121 Vgl. Kommentar des Hgb. JEA 20 (1934) 20 ff., TAUBENSCHLAG, Law 421 Anm. 7.

122 MAROI, SDHI 3 (1936) 163 ff. (dort ist häufig verdruckt Nr. 6734); die Darlegungen MAROIS werden schon durch den Wortlaut von Z. 37 ff. widerlegt: δι'ἧς (sc. ἀποχῆς) ἠκύρωσεν τὸ . . . χειρόγραφον καὶ τὴν . . . δημοσίωσιν . . ., vgl. auch den Antrag in Z. 43 f.: ἥνπερ – kann sich nur auf die κατοχή beziehen – βουλόμενοι ἀνεθῆναι.

123 Vgl. PRINGSHEIM, GLS 202 Anm. 7, RABEL, SZ 28 (1907) 313.

κυρίου, κυρίας οὔσης τῆς μισθώσεως.
Ἔτους ἑβδόμου Ἀντωνίνου Καίσαρος τοῦ κυρίου
Φαρμοῦθι ιη.

II. Bei der folgenden Aufgliederung des Materials werden die Quittungen über Vorauszahlungen des Pachtzinses ausgespart (s. unten VI).

1. Urkundsarten der Quittungen.
In ptolemäischer Zeit begegnen überwiegend Cheirographa,[1] möglicherweise auch Sechszeugenurkunden.[2] [3] In römischer Zeit verlagert sich der Schwerpunkt weiter auf die Cheirographa[4] (ca. 80 Prozent aller Urkunden), dane-

---

[1] Cair. Zen. II 59258 (252 a.), III 59362 Vo (242 a.), Mich. III 193 (201 a.) zum wirtschaftlichen Hintergrund s. P. Col. Zen. II S. 201 f., Amh. II 55 (176 a.), Meyer 58 (144 a.), SB VIII 9874 (II a.), BGU I 32 (?), Ostraka Wilcken II 1024, 1027, 1237, 1262 (?).

[2] Sorb. I 14 (266 a.) und Hib. II 209 (263 a.) sind am Ende zerstört, es könnte sich hier um Sechszeugenurkunden gehandelt haben. Grad. 10 (215 a.) ist nicht hierher zu ziehen; es handelt sich um die Zahlung einer Pachtzinsrestschuld in Form eines fiktiven Kaufs (s. Darlehen 29), die Quittung des Verpächters über den Empfang des Pachtzinses liegt nicht vor.

[3] Hib. I 99 (270 a.) ist nicht einzuordnen. Nach dem ausführlichen Datum folgt der als objektive Homologie stilisierte Kontext, ein Vermerk über Zeugen oder über den Aussteller fehlt.

[4] Straßb. II 125 (5/4 a.), Lond. III 892 (S. 168) (16), BGU VII 1660 (41), Lond. II 139 a (S. 200) (48), Cair. Preis. 35 (53), BGU II 612 (57), Straßb. III 290 (63/64), PSI I 82 (65), Amh. II 103 (90), Giss. uni. bibl. 13 (90), Giss. I 95 (95), Vindob. Bosw. 11 (I–III), Aberd. 63 (101), SB VIII 9707 (103–117), Straßb. III 214 (123), Genf. I 25 (124), Mil. Vogl. III 168 (124), SB VIII 9708 (124), Amh. II 104 (125), Mil. Vogl. III 169 (126), SB VIII 9855 (126), Amh. II 105 (127), Fouad I 55 (128), Lond. III 840 (S. 169) (129), Straßb. III 126 (129), Mil. Vogl. III 174 (131), Hamb. I 8 (136), Mil. Vogl. II 86 (139), II 54 (144), IV 221 (145), Fior. I 23 (145), PSI VIII 923 (147), BGU I 289 (147–150), Aberd. 64 (149), Giss. I 29 (150), Mil. Vogl. II 56 (151), PSI VIII 877 (152), Hamb. I 67 (155/156), Fay. 99 (159), BGU III 708 (165), Berl. Leihg. 24 (169), Lond. III 920 (S. 172) (176), Warren 12 (179), BGU IV 1029 (188), Lund VI 7 (198), BGU XI 2038 (II), Cair. Goodsp. 27 (II), Lond. II 151 (S. 215) (II), Oxy. XIV 1719 (204), Aberd. 65 (208). Corn. 44 (209), SB VIII 9783 (209), BGU XI 2039 (211), 2040 (223), Ryl. II 184 (214), BGU VII 1665 (248), Harr. 139 (254), Princ. II 37 (255), Oxy. VI 964 (263), Oxy. XIV 1646 (268), Fior. I 63 (280?), BGU III 922 (286), Corn. 45 = Ndr. SB VIII 9833 (298) zugleich Quittung über die Rückgabe des vermieteten Schiffsmastes, Cair. Isid. 107–122 (276–314), Mil. I 63 (III), BGU II 408 (307), 411 (314), Genf. I 13 (314), SB VIII 9881 (315), Mert. I 33 (344), Stud. Pal. XX 98 (348), Fior. I 27 (IV), Stud. Pal. XX 105 (IV). BGU I 150 (II/III): Ein zweifelhafter Fall, es kann sich auch um eine private Notiz handeln, der Name des Ausstellers fehlt.

ben kommen auch noch staatsnotarielle Urkunden[5] und Bankdiagraphai[6] vor.[7]

Während gewöhnlich die Quittung nur über eine Leistung im Rahmen des Pachtverhältnisses lautet, finden wir unter unseren Belegen auch Beispiele für Empfangsbescheinigungen mehrerer Leistungen auf einem Blatt. Hervorzuheben ist BGU I 289[8] (147–150): Es handelt sich um eine chirographische Mietzinsquittung für jeweils einen Monat, ein Betrag wird nicht genannt. Die Urkunde ist fortlaufend geschrieben, möglicherweise von einer Hand, aber in sieben verschiedenen Abschnitten. Außer der Empfangsbestätigung werden keine weiteren Klauseln angeführt.[9] Es erscheint nicht übertrieben, hier von einem Quittungsbuch zu sprechen, das jeweils bei Leistung zur „Unterschrift" vorgelegt wurde.

2. Die Stilisierung der Urkunden entspricht den für Darlehensquittungen getroffenen Feststellungen.[10] Chirographische Homologien sind selten;[11] Gründe irgendwelcher Art für die Verwendung der Homologie lassen sich nicht feststellen. Der Empfang wird in aller Regel durch ἔχειν oder ἀπέχειν ausgedrückt, wobei in ptolemäischer Zeit ἔχειν überwiegt, in römischer Zeit bei weitem ἀπέχειν; Tempus ist in ptolemäischer Zeit zumeist das Präsens, ebenso in römischer Zeit bei Verwendung von ἔχειν, während ἀπέχειν ziemlich gleich präsentisch oder aoristisch verwendet wird. Daneben begegnen

---

5 Mich. II 121 Ro III 9, IV 10 (42), Fouad I 56 (79), Mich. III 195–198 (121–124), Fay. 98 (123), Mich. III 199 (126), Harr. 142 (126), Fior. III 302 (151), CPR I 246 (162), Lond. II 157 b (S. 216) (III).

6 Fay. 96 (122), Ross. Georg. II 18 Z. 253 ff. (140), PSI VIII 921 Z. 20 ff. (143), Corn. 41 (151), Lund VI 4 (182/185), Ross. Georg. II 35 C 1 ff. (II).

7 Mich. V 344 (I), eine nicht beendete Hypographe zu einer Quittung, ergibt sachlich nichts, ebensowenig Amh. II 106 (282), die letzten Zeilen einer zerstörten Quittung.

8 Die anderen Urkunden, in denen nur zwei Leistungen bescheinigt werden, sind in den jeweiligen Abschnitten genannt; es handelt sich stets um Cheirographa: Straßb. III 214 (123), Hamb. I 67 = Fam. Tebt. 36 (155/156), Oxy. XIV 1646 (268/269) im weiteren zerstört, Cair. Isid. 108 (276), 122 (314/315).

9 Zu BGU I 289 s. auch Berger, Zschr. vgl. RW 29 (1913), 406 f. Straßb. I 6, 7, 8 (255–276) und III 132 (262–267) sind hier besser auszuklammern. Die Quittungsbögen betreffen den φόρος προβάτων, von dem noch nicht geklärt ist, ob damit eine Pachtzinszahlung für Schafweide oder eine Steuer auf eine Schafherde gemeint ist (vgl. zuletzt mit Lit. Avogadro, Aegypt. 14 (1934) 293 ff.).

10 S. o. S. 6 f.

11 SB VIII 9874 (II a.), Amh. II 55 (176/165 a.), Mich. V 344 (I), Aberd. 64 (149), Cair. Goodsp. 27 (II), Aberd. 65 (208), Oxy. VI 964 (263), Corn. 45 = SB VIII 9833 (298).

auch noch die Ausdrücke παρέχειν,[12] μετρῆσθαι,[13] πληρῶσθαι,[14] die beiden letzten im Perfekt verwendet.

Bei Stilisierung als Homologie erfaßt ὁμολογεῖν grammatikalisch alle Erklärungen des Gläubigers.

III. Regelmäßiger Inhalt der Quittungen.

1. Leistender und Empfänger sind Pächter und Verpächter. Neue Urkunden haben gegenüber den Feststellungen WEBERS[15] nichts Neues ergeben. Zu nennen ist nur Cair. Isid. 111 (298): Der Verpächter – an den auch für spätere Jahre geleistet worden war – erklärt, nicht gegen den Pächter vorgehen zu wollen, weil der Vorbesitzer – von dem der Verpächter wohl das Grundstück erworben hat – seinerzeit schon den Pachtzins in voller Höhe erhalten hatte.[16]

2. Gegenstand der Leistung sind φόρος = Geldzins, ἐκφόριον = Naturalzins,[17] mitunter begegnet auch die Bezeichnung τιμή[18] und bei Wohnungsmietverträgen ἐνοίκιον.[19]

Der im Pachtvertrag festgesetzte Pachtzins wird nicht genannt, auch bei Teilleistungen nicht, er kann aus der Quittung nur erschlossen werden, wenn offensichtlich der gezahlte Betrag die volle Leistung darstellen soll. Wann wir von Teil- oder Volleistung sprechen können, hängt beim „Dauerschuldverhältnis" der μίσθωσις vom zeitlichen Anknüpfungspunkt ab. Teilleistung ist die einzelne Monats- oder Jahresrate beim Bezug auf die gesamte Pachtdauer, Volleistung aber, wenn sie nur auf den jeweiligen Fälligkeitstermin bezogen wird. Die Urkunden gehen offensichtlich vom letzteren Standpunkt aus. Von Teilleistungen kann also nur hinsichtlich von Teilen der einzelnen festgesetzten Raten die Rede sein.

Eigentümlicherweise wird der geleistete Zins sehr häufig nicht betragsmäßig genannt, sondern man begnügt sich mit der Wendung τὸ ἐκφόριον;

---

12 Mert. I 33.

13 Fior. I 27.

14 Amh. II 104, Corn. 44, BGU III 922, Genf. I 25, Hamb. I 8, Straßb. III 126.

15 OR 35 ff.

16 Daß die Quittung vom Jahre 298 stammt, die Leistung aber für die Jahre 293/94 erbracht wurde, hat juristisch wohl keine Bedeutung, sondern mag auf die politischen Verhältnisse zurückzuführen sein.

17 HERRMANN, Bodenpacht 99.

18 BGU III 708, s. HERRMANN, Bodenpacht 226 Anm. 4; Cair. Goodsp. 27 (Miete).

19 BGU I 32, 150, 289, VII 1660, Fay. 98, Mert. I 33, Oxy. VI 964, SB VIII 9855.

hinzu tritt noch die genauere Bestimmung durch Angabe des Pachtjahres, für das geleistet wird.

Im einzelnen sind folgende Gestaltungen festzustellen:

a) Betrag und Jahr werden genannt;[20]

b) es wird nur das Jahr genannt, der Betrag fehlt;[21]

c) es wird nur der Betrag genannt, nicht aber das Jahr;[22]

d) weder Betrag noch Jahr werden nur einmal angeführt.[23]

Daraus kann zunächst der Schluß gezogen werden, daß bei vollständiger Erbringung der einzelnen Rate die Angabe des entsprechenden Zeitraums genügte; die Nennung des geleisteten Betrages war nicht nötig, aber durchaus gebräuchlich. Bei Teilleistungen dagegen war in der überwiegenden Mehrzahl der Fälle Angabe des Zeitraums und des Betrags üblich; auf die Angabe des Betrags konnte zur Feststellung des noch ausstehenden Restes nicht verzichtet werden.[24]

---

[20] a) *Volleistung:* BGU I 32, XI 2040, Cair. Isid. 108, 109, 112–114, 117, 118, 120–122, Cair. Preis. 35, Corn. 41, Fay. 96, 99, Fior. I 23, 63, Genf. I 13 (s. Wilcken, Arch. 3, 1906, 383 Anm. 1 entgegen Wascynski, Bodenpacht 106), Giss. uni. bibl. 13, Hib. II 209, Mich III 195–198, Mil. Vogl. II 56, IV 221, Oxy. VI 964, XIV 1646, Princ. II 37, Ryl. II 184, Straßb. II 125, Stud. Pal. XX 98, 105. Berl. Leihg. 24: Das Jahr ist nur aus dem Datum zu erschließen, da die Winterrate geleistet wird; in Cair. Isid. 119 wird nicht das Jahr, für das gezahlt wird, genannt, sondern nur festgestellt, daß mit der erhaltenen Leistung alle Verbindlichkeiten bis zu dem genannten Jahr erfüllt sind.

b) *Teilleistung:* Amh. I 55, BGU XI 2039, Cair. Isid. 107, CPR I 246, Fior. III 302, Fouad I 55, Giss. I 95, Hamb. I 8, 67 = Fam. Tebt. 36, Lond. III 892 (S. 168), Lund VI 4, Mert. I 33, Mil. I 63, Oxy. XIV 1719, Straßb. III 214.

c) *Restzahlung:* BGU VII 1660, PSI I 82, SB VIII 9881, Sorb. I 14.

Mich. III 193: Volleistung für das letzte Jahr der Pacht und Restzahlung für die vorhergehenden Jahre.

[21] Aberd. 63, 64, Amh. II 103, 104, 105, BGU I 289, II 408, 411 (s. Wilcken, Arch. 3, 1906, 383 Anm. 1), 612, III 922, XI 2038, 2039, Cair. Isid. 110, 111, 116, Cair. Zen. II 59258, Corn. 45 = SB VIII 9833, Fay. 98, Fior. I 27, Giss. I 29, Lond. II 139 a (S. 200), 151 (S. 215), III 920 (S. 172), Lund VI 7, Mich. III 199, Mil. Vogl. II 54, III 168, 169, 174, Princ. II 37, PSI VIII 923, SB VIII 9707, 9708, 9783, Straßb. III 126, 290, Wilcken Ostraka II 1024, 1027.

In Aberd. 65 ist weder Betrag noch Jahr genannt, das Jahr läßt sich aber aus der Nichtangriffsklausel erschließen.

[22] a) *Volleistung:* BGU III 708, VII 1665, Cair. Isid. 115, Corn. 44, Lond. II 157 b (S. 216), Mil. Vogl. II 86, Fouad I 56, PSI VIII 879.

b) *Teilleistung:* BGU I 150, Cair. Zen. III 59362 Vo, Hamb. I 67 = Fam. Tebt. 36, Hib. I 99, Lond. III 840 (S. 169), Wilcken Ostraka II 1237.

[23] Meyer 58.

[24] Zur Theorie der notwendigen Entgeltlichkeit **s. u. S. 67 Anm. 52.**

3. Die Angabe, auf welchem Rechtsverhältnis die Leistung beruht, geschieht in zweifacher Weise: einmal durch Bezugnahme auf den zugrundeliegenden Pachtvertrag,[25] zum andern durch Verweisung auf die einfache Tatsache der Nutzung[26] oder der Innehabung des Grundstücks aufgrund der Verpachtung (ἐν μισθώσει).[27] Das Grundstück wird gegebenenfalls genauer nach Lage und Größe beschrieben. Die erste Möglichkeit ist in ptolemäischer Zeit häufiger, die zweite wird fast zur Regel in römischer Zeit. Das Gewicht scheint damit mehr auf der Innehabung als auf dem Vertrag gelegen zu haben. Die Bestimmung kann aber durchaus fehlen;[28] das ist wohl nur dann der Fall, wenn zwischen den Parteien keine weitere μίσθωσις besteht und damit auch keine Unklarheiten möglich sind. Eine Entsprechung der Urkundsform von Pachtvertrag und Quittung kann daher in der Mehrzahl der Fälle nicht festgestellt werden; soweit die Pachturkunde angegeben ist, liegt bei Erbringung der vollen Leistung eine Übereinstimmung vor.

IV. Sonstige Klauseln.

1. Die Nichtangriffsklausel wird auch in die Pachtquittung aufgenommen, in der Regel allerdings nur in ihrer Kurzfassung: κ᾽ οὐδέν σοι ἐγκαλῶ.

In ptolemäischer Zeit finden wir sie – in Kurzfassung – allein bei einigen Quittungen,[29] die sämtlich die volle Leistung bestätigen, sie fehlt nur bei zwei Urkunden über Volleistung, bzw. Restzahlung.[30]

---

25 *Ptol. Zeit:* Cair. Zen. III 59362 Vo, Hib. II 209, Mich. III 193, Sorb. I 14, *röm. Zeit:* Cair. Goodsp. 27, Fouad I 56, Mich. II 121 Ro III 9 (alles Mieten).

26 *Ptol. Zeit:* Wilcken Ostraka II 1024, *röm. Zeit:* Aberd. 63, 64, 65, Amh. II 103, 104, 105, BGU II 408, 411, III 922, VII 1665, XI 2038, 2039, 2040, CPR I 246, Cair. Isid. 107–122, Corn. 44, 45 = SB VIII 9833, Fay. 98 (Miete), 99, Fior. I 23, 27, III 302, Genf. I 13, 25, Giss. I 29, Hamb. I 8, 67 = Fam. Tebt. 36, Lond. II 139 a (S. 200), 157 b (S. 216), Lund VI 7, Mich. III 195–199, Mil. I 63, Mil. Vogl. II 54, 56, 86, III 168, 174, IV 221, Oxy. XIV 1646, 1719, Princ. II 37, PSI VIII 877, Ryl. II 184, SB VIII 9707, 9708, 9783, 9855 (Miete), Stud. Pal. XX 98, 105.

27 *Ptol. Zeit:* Wilcken Ostraka II 1027, 1262; *röm. Zeit:* BGU II 612, III 708, Berl. Leihg. 24, Fay. 96, Giss. I 95, Lond. II 151 (S. 215), Oxy. VI 964, Ross. Georg. II 35 C 1, SB VIII 9783, Straßb. III 290.

28 *Ptol. Zeit:* Amh. II 55, BGU I 32, Hib. I 99, Meyer 58, Princ. II 17, SB VIII 9874, Wilcken Ostraka II 1237; *röm. Zeit:* BGU I 289, IV 1029, VII 1660, Cair. Preis. 35, Fior. I 63, Fouad I 55, Lond. III 840 (S. 169), 920 (S. 172), Lund VI 4, Mert. I 33, Mich. II 121 Ro IV 10, PSI I 82, VIII 923, SB VIII 9881, Straßb. II 125, III 126, 214, Warren 12.

29 Cair. Zen. II 59258, SB VIII 9874, Wilcken Ostraka II 1024, 1027.

30 Volleistung: Meyer 58, Restzahlung: Sorb. I 14.

In römischer Zeit tritt sie prozentual gesehen weniger häufig auf, aber gleichfalls nur bei Voll- oder Restzahlungen,[31] auch wenn diese – wie oben gesagt – nur Volleistung für bestimmte zeitliche Teilabschnitte des Pachtverhältnisses darstellen. In wenigen Fällen ist die Formulierung ähnlich ausführlich wie beim Darlehen.[32] Ebenfalls entsprechend den Darlehensquittungen finden wir ca. vom Jahre 300 an die Wendung καὶ οὐδένα λόγον ἔχω πρός σε,[33] ohne daß jedoch die andere Fassung verdrängt wird.

2. Eine „Bewehrung" der Nichtangriffsklausel durch Straf- und Praxisklausel ist nicht anzutreffen. Ebensowenig findet sich eine Übergabe der Pachturkunde oder deren ἄκυρος-Erklärung; Ausnahme ist der sehr späte Stud. Pal. XX 105 (IV),[34] wo eine Übernahme aus dem Darlehensformular wahrscheinlich ist. Angesichts der großen Anzahl von Urkunden kann diese Eigenart nicht mit Zufälligkeiten der Überlieferung erklärt werden.

3. Auf diesem Gebiet bieten uns die Quittungen ptolemäischer Zeit gleichfalls keinen Beleg für den Vorbehalt anderer Forderungen gegen den Schuldner durch den Gläubiger. Ebenso fehlt eine Aufrechterhaltung der Pacht für weitere Jahre.

Anders dagegen in römischer Zeit. Ein Gutteil der Quittungen stellt fest: μενούσης κυρίας τῆς μισθώσεως (Giss. I 29), d. h. die Pacht soll weiterhin bestehen.[35] Die Klausel begegnet nur bei Volleistung, manchmal im Anschluß an die Nichtangriffsklausel.[36]

Zur Aufrechterhaltung anderer Forderungen werden die uns bereits von den Darlehensquittungen her bekannten Wendungen μὴ ἐλαττουμένου oder μένοντός μου τοῦ λόγου gebraucht. Es kann sich dabei handeln bei Volleistungen um Forderungen aus einem anderen Pachtvertrag,[37] um zukünftige

31 Aberd. 63, 65, Amh. II 103, 104, 105, BGU III 708, Cair. Goodsp. 27, Cair. Isid. 111, Fay. 96, 98, Fior. I 23, Lond. II 157 b (S. 216), Mil. Vogl. III 169, PSI I 82, Ross. Georg. II 35 C 1, SB VIII 9707, 9708, Straßb. II 125, III 126.

32 Mich. III 198 (s. u. S. 34), 199, Fouad I 56, Corn. 45 = SB VIII 9833.

33 BGU II 408, 411, Genf. I 13, Fior. I 27.

34 ... καὶ ἐξεδόμην ὑμῖν τήνδε τὴν ἀποχὴν πρὸς ἀσφάλειαν καὶ ἀκύρωσιν τῆς μισθώσεως ὑμῶν διὰ τὸ παραπεπτωκέναι αὐτὴν ἥνπερ ἀνευρὼν ἀναδώσω ὑμῖν εἰς ἀκύρωσιν.

35 BGU XI 2038, 2039, 2040, Cair. Isid. 122, Fay. 96, Giss. I 29, Mich. III 195–197, 199, Mil. Vogl. II 54, Ryl. II 184, SB VIII 9783, Straßb. III 290. Formulierung in Cair. Isid. 118 (310): γεωργοῦ μένοντός σου τοῦ κλήρου.

36 Fay. 96, Mich. III 199.

37 BGU II 612.

Forderungen aus dieser Pacht[38] oder bei Teilleistungen durch einen Pächter um die Forderung gegen die anderen Pächter[39] oder um Restforderungen.[40]

4. Die Kyriaklausel begegnet nur selten.[41]

V. Pachtverträge und dazugehörige Quittungen.

1. PSI VIII 879 (98). Der Pachtvertrag (Grapheionsurkunde) läuft für ein Jahr. Der Pachtzins beträgt 5 Artaben Weizen; Straf- und Praxisklausel fehlen (waren in den zerstörten Zeilen 15, 16 wohl auch enthalten). Z. 24 ff. enthalten von anderer Hand ein an den Pachtvertrag angehängtes subjektiv formuliertes Empfangsbekenntnis des Verpächters über die Leistung des vollen Pachtzinses; weitere Klauseln fehlen.

2. Den aufschlußreichsten Komplex bilden der Pachtvertrag Mich. III 184 (121) und die dazu gehörigen Quittungen Mich. III 195–198 (121–124).

Nr. 184, ein angenommenes Pachthypomnema,[42] setzt die Pachtzeit auf vier Jahre fest, der Pachtzins beträgt 20 Artaben Weizen und ist im Payni zu leisten. Straf- und Praxisklausel fehlen, wie stets in den Pachtangeboten.

Die vier staatsnotariellen Quittungen bestätigen den Empfang jeweils des vollen Jahrespachtzinses in einer objektiven Homologie unter Angabe des Betrags und des Jahres. Der Pachtvertrag wird in diesem Zusammenhang nicht genannt, sondern das Pachtverhältnis wird durch die genaue Angabe des Grundstücks spezifiziert. Die ersten drei Quittungen weisen auf das Weiterbestehen der Pacht hin (μενούσης κυρίας τῆς μισθώσεως). Nr. 198 dagegen – die Schlußquittung nach Ablauf der Pachtzeit – bringt statt dessen eine ausführliche Nichtangriffsklausel[43] des Verpächters, die sich auf das Pachtverhältnis und auf jede andere Schuld bis zum Tage der Ausstellung bezieht; eine Straf- und Praxisklausel fehlt. Das Pachthypomnema ist anscheinend dem Pächter zurückgegeben worden.[44]

---

38 Oxy. VI 964.

39 Lond. II 139 a (S. 200).

40 Cair. Isid. 114, Hamb. I 67 = Fam. Tebt. 36, Oxy. XIV 1719.

41 In einfacher Form: Corn. 45 = SB VIII 9833, Oxy. XIV 1646, Stud. Pal. XX 98, 105.

42 Herrmann, Bodenpacht 25 ff., 33 Anm. 4.

43 καὶ μὴ ἐπελεύσεσθαι V ... ἐπὶ P ... μήτε περὶ τούτων καθὼς πρόκιται μηδὲ περὶ ἄλλου μηδενὸς ἁπλῶς πράγματος ἐγγράπτου μηδὲ ἀγράφου παντὸς συναλλάγματος μέχρι τῆς ἐνεστώσης ἡμέρας παρευρέσει μηδεμιᾶι.

44 Aus der Edition ergibt sich zwar nichts Näheres über die Fundumstände der Urkunden, die genannten Urkunden (Inv. Nrn. 107, 111, 113–115) scheinen aber zusam-

3. Amh. II 87 (125) / II 105 (127).
Nr. 87 ist ein auf 2 Jahre geschlossener chirographischer Pachtvertrag; als Pachtzins sind im ersten Jahr 250 Drachmen Silber und im zweiten Jahr 85 1/2 Artaben Weizen zu erbringen. Straf- und Praxisklausel fehlen. Nr. 105 bestätigt ebenfalls in chirographischer Form den Empfang des gesamten Pachtzinses für das zweite Jahr, ohne Angabe des Betrags. Der Verpächter erklärt auch καὶ οὐδέν σοι ἐγκαλῶ. Ob die Pachturkunde dem Pächter gegeben wurde, ist weder aus der Urkunde noch aus den Fundumständen ersichtlich.

4. Möglicherweise gehören SB IV 7474 (254)[45] und Princ. II 37 (255/6) gleichfalls zusammen. Der Zusammenhang ist wegen Zerstörung von SB IV 7474 nicht sicher. Die Pachtzeit beträgt fünf Jahre; ob Straf- oder Praxisklausel vereinbart waren, läßt sich nicht feststellen. Princ. II 37 Col. I (255) enthält in chirographischer Form die Quittung über den unbezifferten, vollen Pachtzins für das erste Pachtjahr, die Pacht wird aufrechterhalten; Col. II (256) bringt die Quittung für den Pachtzins – diesmal beziffert – des zweiten Jahres, ohne Hinweis auf das weitere Bestehen der Pacht. In beiden Fällen wird der Pachtvertrag nicht genannt, wohl aber das bebaute Grundstück genau beschrieben.

VI. Nur anhangsweise haben wir noch auf Pachtzinszahlungen einzugehen, die schon bei Pachtabschluß geleistet und im Pachtvertrag quittiert wurden.

Hier interessieren nur die Zahlung des Pachtzinses und seine Quittierung. Welche wirtschaftlichen Erwägungen zu der Vorausleistung – sonst ist der Pachtzins erst am Ende der Pachtzeit fällig[46] – geführt haben, ist unerheblich, denn auch wenn der Fall einer *datio in solutum* oder einer Antichrese vorliegen sollte,[47] haben wir aber doch keinen Beleg[48] für die Wirkung auf die zu tilgende Schuld und deren evtl. Nachweis.

---

men gefunden worden zu sein. Noch eine Reihe anderer Urkunden desselben Pächters Horos, bzw. seiner Frau gehören hierher: Nr. 185–189 (Inv. Nr. 98, 99, 108, 109, 110), 199 (Inv. Nr. 112). Davon sind: Nr. 185 ein Pachtangebot des H.; 186/7 Teilungsverträge; 188/9 Miet- und Darlehensvertrag, dessen Gläubigerin die Frau ist; 199 eine Pachtquittung. Siehe auch o. S. 21. Nach alledem kann wohl angenommen werden, daß es sich um das Archiv des Horos handelte.

45 S. Herrmann, Bodenpacht 218 f.

46 Herrmann, Bodenpacht 98 ff.

47 Zu dieser in der Lit. bisher allein sehr breit behandelten Frage vgl. neuerdings Herrmann, aaO. 229 ff. und Geginat, Prodoma 101 mit Lit.; s. auch Wolff, SZ 73 (1956) 330 Anm. 8.

1. Im dritten Jahrhundert a. C. finden wir eine Reihe von Pachtvorauszahlungen, die sich in zwei Gruppen teilen.

a) Cair. Zen. II 59257 (252 a.).[49] Der Verpächter erhält vom Pächter ein Darlehen von vier Drachmen, das der Pächter vom Pachtzins, der in Getreide bemessen ist, abzuziehen hat. Die Form ist wie bei Col. Zen. I 49 (252 a.) eine objektive Urkunde, wohl nicht öffentlicher Natur. In der letzten Urkunde wird ausdrücklich der Pachtzins vorausgezahlt für das kommende Jahr; ob es nur ein Teil ist oder der ganze Zins, ist nicht zu entscheiden, da die Größe des Grundstücks nicht bekannt ist. PSI IV 390 (243/2 a.) bringt in chirographischer Form die Bestätigung über Vorauszahlung von Pachtzins; wohl für das nächste Jahr, das Datum der Quittung ist nicht angegeben; die Vorauszahlung soll angerechnet werden. Gemeinsam ist den drei Urkunden, daß keine Straf- und Praxisklausel zugunsten des Verpächters angefügt ist, aber auch keine Nichtangriffsklausel zugunsten des Pächters.

b) BGU VI 1265 (214/3 a.), BGU X 1958 = Hamb. II 189 (215 a.), BGU X 1959 (215 a.), SB III 6303 (216/5 a.): vier Sechszeugenurkunden als objektive Homologien gefaßt aus Tholthis in Oxyrhynchos.[50] Die Pächter haben jeweils den Pachtzins vorausbezahlt; zum Teil nur für das übernächste Jahr (BGU VI 1265; wohl auch BGU X 1959, die Ergänzung von Z. 16: [ἐνδεκ]άτου ἔτους ist zweifelhaft, es kann auch [δεκ]άτου heißen), zum Teil für das nächste und das übernächste Jahr (BGU X 1958, SB III 6303). Interessanterweise ergibt aber die Fassung des BGU X 1958 Z. 12 ff.: ἐὰν δὲ μὴ προσδέξηται, ἀλλ' εἰσπράχθωσιν,[51] daß die Anrechnung nur auf die

---

48 Oslo II 32 Vo: λέλυ(νται) 200 Drachmen am Tage des Vertragsschlusses. Pachtzins sind 200 Drachmen. Da der Vermerk zu zerstört ist, lassen sich weitere Einzelheiten nicht entnehmen. Der Inhalt des Vertrages – Bearbeitung durch den Verpächter (s. HERRMANN, aaO. 233) – kann allerdings für eine nur fiktive Leistung des Pachtzinses sprechen; möglicherweise bezog sich also dieser Vermerk auf die Tilgung der ursprünglichen Schuld. Anders WOLFF, SZ 76 (1956) 330 Anm. 8; er nimmt an, die Bauern hätten die mit der Bestellung des Landes verbundenen Kosten nicht selbst vollständig aufbringen können und deshalb Finanzhilfe gesucht, die Zahlung sei also nicht fiktiv gewesen. Für die erstere Ansicht spricht jedoch, daß ein Hinweis auf eine λύσις sonst in den Pachturkunden, auch bei Leistung des πρόδομα, nicht vorkommt.

49 S. Darlehen 25 mit Anm. 7.

50 Vgl. die Einleitung zu Hamb. II 189. SB III 6303 ist entgegen der Überschrift im SB kein Pachtvertrag, sondern eine Vorauszahlung, die auf den Pachtvertrag Bezug nimmt. S. auch GEGINAT, Prodoma 53 ff.

51 Zum προσδέχεσθαι s. SEIDL, SDHI 21 (1955) 401 f. SB III 6303 erlaubt einen ähnlichen Schluß, da ein ἐπελθεῖν καὶ εἰσπράσσειν dort dem βασιλικὸν κώλυμα für die Nichtanrechnung gleichgestellt ist; zum βασιλικὸν κώλυμα vgl. GEGINAT, Prodoma 30 ff.

Vorauszahlung für das übernächste Jahr zu beziehen ist, für das nächste Jahr ist schon wirksam gezahlt. Wenn nicht angerechnet wird, greift zugunsten der Pächter die Straf- und Praxisklausel ein; das gleiche gilt, wenn die Verpächter den Versuch des ἐπελθεῖν oder εἰσπράσσειν, also der Eintreibung des Pachtzinses unternehmen sollten.[52]
Der Unterschied für die beiden verschiedenen Fassungen scheint darin zu liegen, daß Zahlungen für das kommende Jahr einfach bescheinigt werden können und ein Cheirographon zum Beweis ausreicht. Eine besondere Anrechnung ist aber nötig für darüberhinausgehende Zeiträume, sie mußte anscheinend auch besonders vereinbart werden; die einfache Bestätigung des Empfangs genügte wohl nicht.

Die sogen. μίσθωσις προδοματική ist auszuscheiden, da das Prodoma zu dieser Zeit stets vom Verpächter am Ende der Pachtzeit zurückzugeben ist.[53]

2. In römischer Zeit wird der Pachtzins öfter ἐκ προδόματος oder ἐν προδόματι geleistet,[54] damit wird jetzt nurmehr die zeitlich vorweggenommene Zahlung des Pachtzinses als solche ausgedrückt. Zahlungen ohne Hinweis auf das πρόδομα begegnen ebenfalls.[55] In allen diesen Fällen enthalten die Urkunden die wesentlichen Klauseln des Pachtvertrages. Es fehlt nur – naturgemäß – die Klausel über die Zahlung des Zinses. Der Zins wird zum Teil nicht ziffermäßig festgesetzt.[56] Eine Nichtangriffsklausel in Kurzfassung begegnet allein in PSI I 30 (82): ... καὶ οὐδέν σοι ἐγκαλῶ περὶ οὐδενὸς ἁπλῶς. Teilvorauszahlungen[57] entsprechen diesem Aufbau, nur daß der Gesamtpachtzins und der geleistete Teil genau bezeichnet und auch Zahlungsregelungen für den Rest getroffen sind. Eine Nichtangriffsklausel fehlt ebenfalls.

---

52 In BGU VI 1265 ist Z. 16 so zu lesen.

53 S. die Belege bei Geginat, aaO. 35. Die Bemerkung Wolffs, Beiträge 147 Anm. 47 bezieht sich wohl für die ptolemäische Zeit nur auf den möglichen wirtschaftlichen Sachverhalt.

54 Zahlreich in Mich. II, s. 121 Ro Col II 1, 5, 6, 7, Col III 8, 10, 11, 14, IV 5 (42). Einzelurkunden: BGU II 636 (20), Mich. V 311 (34), Princ. III 146 (36), BGU II 526 (86), PSI X 1134 (92), Warren 11 (98), Mil. Vogl. II 80 (116), Fior. I 20 = WChr 359 (127), Mil. Vogl. II 105 (132), 78 (138), Tebt. II 372 (141) (Mietzins für Haus), SB VIII 9922 (159).

55 Oslo II 32 (1), Fouad I 40 (35), Meyer 12 (115), PSI I 30 (82), SB VIII 9830 (81–96), Cair. Isid. 98 (291/2).

56 So die Belege für πρόδομα mit Ausnahme von Warren 11. Meyer 12, Fouad I 40, SB VIII 9830, Cair. Isid. 98.

57 PSI X 1098 (51 a.), IX 1036 (192), 1071 (296), Oxy. I 102 (306).

Im beginnenden 3. Jahrhundert begegnet zum erstenmal die Bezeichnung μισθαποχή für einen Pachtvertrag mit Zinsvorauszahlung.[58] Dieser entspricht im Aufbau den schon genannten Pachtverträgen mit Zinsvorauszahlungen. Allein Genf. I 66 (374) bringt die Spätform der Nichtangriffsklausel: καὶ οὐδένα λόγον ἔχομεν πρός σε.

Einen sachlichen Einschnitt scheint der neu aufkommende Terminus nicht zu markieren. Es wird sich nur um eine neue Bezeichnung für eine schon länger bestehende Geschäftspraxis handeln, wie substantivische Begriffe ja nicht sofort zu entstehen pflegen. Gerade Genf. I 66, der im Stil – bis auf die genannte Klausel – den anderen Genfer Urkunden völlig entspricht, aber nicht als μ. bezeichnet ist, spricht hierfür.

§ 3 Lohnzahlungen

In diesem Abschnitt sollen die Quittungen über die Zahlung von Lohn für übernommene Tätigkeit zusammengefaßt werden.

Einzelne Gruppen können vom Vertragstyp her gesehen abgespalten werden, so die Ammen-, Lehrlings- und Künstlerverträge,[1] für unsere Zwecke ist das aufgrund der Verteilung des Materials aber nur für die Ammenverträge angebracht.[2] Zahlungen im Rahmen von Dienst-, Arbeits- und Werkverträgen i. S. des geltenden Rechts begegnen in den Papyri zwar häufig,[3] zumeist in Listen, jedoch haben wir kaum Belege für Empfangsbescheinigungen. Häufiger sind dagegen Vertragsurkunden, in denen Vorauszahlungen festgelegt werden. Nur mit den Quittungen und den Vorauszahlungen haben wir uns im folgenden zu beschäftigen; die große Menge der anderen Erwähnungen ist für unser Thema unergiebig, da sie außer der Tatsache der Zahlung und deren Anlaß nichts ergeben.[4]

---

[58] Oxy. XXXI 2584 (211), XX 2284 (258), Lugd. Bat. XIII 17 (III), BGU II 409 (313), Harr. 82 (345) (Mietzins für Haus), Genf. I 67 (382), 69 (386), 70 = WChr 380 (381), Gron. 9 (392), CPR I 247 (345).

[1] S. Adams, Paramone 114 ff.

[2] S. unten II.

[3] Vgl. z. B. die Rechnungslisten der Zenonpapyri und die Aufstellungen in Tebt. III für den Bereich der Landwirtschaft. Zur Gehaltszahlung gegen Vorlage eines Ausweises (σύμβολον) und mit Eintragung in eine Abrechnungsliste s. Würstle, JJP 5 (1951) 73 f.

[4] Das Gebiet des „Arbeitsrechts" in den Papyri harrt weitgehend noch der Bearbeitung. Ansätze sind zu finden in: Hellebrand, Arbeitsrechtliches in den Zenonpapyri, Festschr. Koschaker III 241 ff., 250; Wolff, Beiträge 149 ff.; Adams, aaO. 64 ff.,

I. Allgemeine Lohnzahlungen

1. Über einige summarische Bemerkungen zu den Quittungen ist hier nicht hinauszukommen. Aus dem 3. Jahrhundert a. C. haben wir eine Reihe von σύμβολα – objektiv gefaßte Doppelurkunden –, in denen Zahlungen für bestimmte Arbeiten bestätigt werden. Nicht ersichtlich ist jedoch, aufgrund welcher Verhältnisse die Zahlungen erfolgen; zu vermuten ist aber, daß es sich um Lohnzahlungen handelt.[5] Weitere Klauseln sind nicht enthalten.

Mich. V 337 (24) enthält die Quittung für Lohnzahlung und für die Leistung der τιμή für Erdarbeiten. Ein Vertrag ist nicht genannt, es wird nur auf die Tätigkeit abgestellt; eine umfassende kurze Nichtangriffsklausel ist angefügt.[6] Brem. 46 (110) und 47 (118) sind Abschriften von Bankschecks über die Lohnzahlung für einen Festredner bzw. einen Eseltreiber. Jeweils im Original folgt die eigenhändige Bestätigung des Empfangs von der Bank, ausgedrückt durch ἀνείρημαι; in der ersten Urkunde wird auf die Tätigkeit – λόγος –, in der zweiten auf die zugrundeliegende μίσθωσις, deren weitere Erfüllung durch den Empfänger zugesagt wird, verwiesen. Weitere Klauseln fehlen.

BGU VII 1663 (III) bringt die „General"-Quittung eines Schiffsbauers über den Erhalt von Lohn, Trinkgeldern usw.[7] in chirographischer Homologie. Auf den Vertrag wird nicht abgestellt, es wird nur die Tätigkeit genannt. Die Nichtangriffsklausel erfaßt alle Forderungen aus dem Vertrag und außerdem alle anderen Angelegenheiten: ... πράγματος διαφέροντος τῆιδε τῆι ναυπηγίαι.

---

88. Zu den Lehrlings- und Lehrverträgen neuestens auch HERRMANN, JJP 11/12 (1957/58) 119 ff. O. MONTEVECCHI, I contratti di lavoro e di servizio nell'Egitto grecoromano war mir nicht zugänglich.

Auf den Komplex der Paramone kann hier nicht eingegangen werden. Die juristischen Fragen, ob und inwieweit ein einheitlicher Geschäftstyp vorliegt, welche Bedeutung die Vorauszahlungen haben, bedürfen noch der Klärung. Vgl. einstweilen aus der neueren Lit. ADAMS, aaO. mit den Besprechungen von HÄGE, IURA 16 (1965) 395 ff. und SIMON, Byz. Zschr. 58 (1965) 162 ff., sowie Darlehen 72 f. und SAMUEL, JJP 15 (1965) 221 ff., HERRMANN, RIDA^3 10 (1963) 149 ff.

[5] S. Darlehen 148 ff.

[6] Mil. Vogl. II 102 (II): Erklärung über den Verkauf einer Statuette und den Empfang einer τιμή – wohl für den Metallwert – und eines μισθός – wohl für die Arbeit –; danach zerstört. Eine Einordnung in die griechischen Vertragstypen ist wegen der Beschädigung nicht möglich; die Urkunde ist am Anfang mit πεπρακέναι stilisiert, scheint also im ersten Teil zumindest als Kauf gedacht zu sein; wie der zweite Teil aussah, wissen wir nicht.

[7] S. MEYER, SZ 48 (1928) 616.

Hamb. I 69 (146) ist die chirographische Quittung über den Empfang von ὀψώνιον – Gehalt – und Unkostenersatz für die Vertretung bei der Steuereinziehung. Die kurze Nichtangriffsklausel stellt fest, daß der Empfänger nicht mehr für das 9. Jahr gegen den Zahlenden vorgehen werde.

2. Zahlreicher sind die Verträge mit Vorauszahlungen. Auf die Bedeutung der Vorauszahlung für das Zustandekommen und die Verpflichtung zur Erfüllung des Vertrages haben wir hier nicht einzugehen.[8] Hier ist nur von Bedeutung der Teil der Urkunden, der vom Empfang der Vorauszahlung spricht. Die Vorauszahlung wird bald als Arrha,[9] μισθός,[10] πρόδομα bzw. πρόχρεια[11] oder auch τιμή[12] bezeichnet. Der Empfang wird durch ἔχειν, ἀπέχειν oder λαμβάνειν ausgedrückt. Es handelt sich überwiegend um Teilleistungen[13] auf den Lohn. Die weiteren Bestimmungen der Verträge beziehen sich nicht auf die Quittierung dieser Vorausleistungen, sondern nur auf die künftige Abwicklung des Vertrages; jede der sonst üblichen Quittungsklauseln fehlt.[14]

II. Ammenlohn

1. An selbständigen Quittungen über die Auszahlung von Ammenlohn[15] sind uns nur wenige erhalten: BGU I 297 (50), Grapheionsurkunde; PSI IX

---

[8] Vgl. Pringsheim, GLS 373 ff. sowie neuerdings Adams, aaO. 64 ff., 78 ff. Zu Cair. Zen. II 59182 (255 a.) s. Darlehen 153.

[9] Fay. 91 (99), Arbeitsvertrag, Arrha ist vom Lohn abzuziehen; Künstlerverträge: Stud. Pal. XXII 47 (II), Grenf. II 67 = WChr 497 (237), Oxy. X 1275 (III): Arrha ist vom Lohn abzuziehen. Weitere Erwähnungen s. Pringsheim, GLS 373 Anm. 2.

[10] BGU IV 1122 (14/13 a.), 1125 (13 a.), Mich. V 349 (30), PSI VIII 962 B (132), Oxy. IV 724 (155), Mil. I 60 (II). BGU IV 1125 ist insofern ein Sonderfall als keine Bestätigung des Empfängers vorliegt, sondern im Rahmen des Lehrlingsvertrags nur eine Erklärung des Zahlenden über die Zahlung.

[11] Tebt. III 1, 815 Fr. 2, Ro II 9 (228–221 a.), VBP II 40 (104), Fior. I 25 Z. 19–25 (II).

[12] Stud. Pal. XXII 35 (50): Ein Ziegelmacher erhält das Entgelt für 6500 Ziegel im voraus, er darf sich während der Anfertigung nicht vom Arbeitsplatz entfernen. Hier ist nicht ganz sicher, ob es sich um einen Lieferungskauf oder einen Arbeitsvertrag handeln sollte, beides erscheint möglich (vgl. Pringsheim, GLS 331 Anm. 4, Meyer, SZ 44, 1924, 596).

[13] BGU IV 1122, 1125, Fay. 91, Grenf. II 67, Mich. II 121 Ro II 8, Mich. V 349, Mil. I 60, Oxy. IV 724, X 1275, PSI VIII 962 B, Tebt. II 385.

Volleistung: Stud. Pal. XXII 35. In Stud. Pal. XXII 47 und Oxy. X 1275 ist eine evtl. Anrechnung der Arrha auf den Lohn nicht mehr erhalten.

[14] S. u. Anm. 25.

[15] Zu den Ammenverträgen allgemein s. Herrmann, SZ 76 (1959) 490 ff. und Adams, Paramone 146 ff.

2 1606 N

E. KIVIKOSKI (nomin.)
J. KMIECIŃSKI (concep.)
1961

1065 (157), Cheirographon; Oxy. I 91 (187), Cheirographon; Tebt. II 399 (II), objektive Homologie, wohl staatsnotarielle Urkunde; Oxy. XIV 1717 (258), Schluß eines Cheirographon; Grenf. II 75 (305), Cheirographon.[16]

a) Die Stilisierung entspricht den bei den Darlehensquittungen getroffenen Feststellungen.[17] Chirographische Homologien sind Oxy. I 91 und Grenf. II 75. Das Verbum ὁμολογεῖν umfaßt auch in den als Homologien gefaßten staatsnotariellen Urkunden den gesamten Urkundeninhalt.

b) Leistender ist stets der Gewalthaber des Kindes; Empfänger entweder die freie Amme selbst oder bei der Vermietung einer Sklavin deren Herr.

c) Gegenstand der Leistung sind Ammenlohn (τροφεῖα) und die sonstigen einer Amme zukommenden Zuwendungen, wie Öl, Kleider usw. (s. BGU I 297 Z. 12 ff.). Der Empfang wird stets mit ἀπέχειν oder ἔχειν ausgedrückt. Ob der Gesamtbetrag oder nur ein Teil gezahlt wurde, ist nicht stets mit völliger Sicherheit festzustellen, da die Formulierungen der Quittungen unscharf sind und ein Teil des Gesamtlohnes schon bei Abschluß des Ammenvertrages geleistet wird,[18] so wie auch die weiteren Leistungen praenumerando zu erbringen sind.

Fälle der Volleistung sind BGU I 297,[19] PSI IX 1065,[20] Oxy. I 91; ob es sich nur um Restzahlungen handelte, kann nicht gesagt werden, da in den Urkunden nichts erwähnt wird; diese Möglichkeit ist aber wohl abzulehnen.

---

16 Zu BGU IV 1110 (5 a.) und 1111 (15 a.) (Beendigung des Vertragsverhältnisses und Schlußquittung) s. u. § 9.

17 S. oben S. 6 f.

18 S. unten 2.

19 Die Dauer des Vertrags ist nicht ganz sicher festzustellen: entweder 2 oder 2 1/2 Jahre; die gesondert genannten 6 Monate (Z. 14 f.: τοῦ τῆς γαλακτοτροφίας διετοῦς χρόνου καὶ τιθηνήσεως μηνῶν ἕξ ...) sind wohl mit Sudhoff, Ärztliches aus den Papyri 150 entgegen Adams, Paramone 150 als Teil der zwei Jahre aufzufassen und haben nur die Bedeutung der Trennung zwischen Stillzeit und Flaschennährung. Auf jeden Fall liegt keine Teilleistung nur für diese sechs Monate vor; die Aufrechterhaltung des Vertrags trotz der Nichtangriffsklausel für alle Leistungen erklärt sich aus der Natur der Vorleistung.

20 Die Urkunde ist unklar. Der Ammenvertrag beginnt mit einer Laufdauer von 2 Jahren im 20. Jahr. Die Quittung stammt von Thoth des 21. Jahres, also dem ersten Monat des folgenden Jahres. (Die Ergänzung κα erscheint nach der Einleitung des Hgb. sicher, da eine zweite Ausfertigung der Urkunde insoweit erhalten ist.) Das Kind wurde also nur ein Jahr gesäugt, denn lt. Zeile 14 f. wurde es bereits wieder den Eltern zurückgegeben. Damit scheidet auch eine Vorausleistung für das zweite Jahr, das 21. Jahr aus. Da an der Ergänzung nicht zu zweifeln ist, erscheint es möglich, daß hier ebenfalls eine vorzeitige Beendigung des Ammenverhältnisses ins Auge zu fassen ist (s. u. § 9). Den Ausdruck ἐτῶν δύο (Z. 12) auf das Kind zu beziehen, ist angesichts der üblichen Fassung abzulehnen.

Restzahlungen sind dagegen sicher: Tebt. II 399, in Z. 12 wird eine vorhergehende Zahlung von Hand zu Hand, ohne Urkunde genannt; Grenf. II 75 Z. 8, 9 nennt zwei vorhergehende Raten.[21] Der Betrag wird mit Ausnahme von PSI IX 1065 stets genannt; BGU I 297 ist ein unsicherer Beleg, da insoweit zerstört.

d) Der zugrundeliegende Ammenvertrag wird nicht genannt, sondern nur auf die Tatsache des Stillens Bezug genommen.

e) Sonstige Klauseln:
Die Nichtangriffsklausel in ihrer ausführlichen Fassung[22] ist in allen Urkunden gegeben, mit Ausnahme von Grenf. II 75. Bis auf BGU II 297 (s. oben Anm. 19), wo das Ammenverhältnis noch weiterlaufen soll, es sich also um eine Vorleistung handelt, wird weder der Vertrag aufrechterhalten noch eine andere Forderung vorbehalten. Eine Straf- und Praxisklausel begegnet nicht. Die Cheirographa PSI IX 1065, Oxy. I 91 enthalten die Kyriaklausel in einfacher Fassung, Oxy. XIV 1717 mit der Zustimmung zur Demosiosis, Grenf. II 75 die Klausel: κυρία ὡς ἐν δημοσίωι κατακειμένη.

2. Häufiger sind dagegen die Ammenverträge, in denen schon bei Vertragsschluß ein Teil des Lohnes für eine bestimmte Zeit vorausbezahlt wird.[23]

Uns interessiert hier nur der Teil des Formulars, der die Vorauszahlung betrifft; für die Verträge im allgemeinen kann auf Herrmann und Adams verwiesen werden. Die Urkunden[24] beschränken sich insoweit auf die Feststellung, daß die Amme oder ihr Gewalthaber den Lohn für x Monate bereits empfangen hat, ausgedrückt durch λαμβάνειν oder ἀπέχειν. Der Betrag wird stets genannt; wann der Rest zu leisten ist, wird ebenfalls festgesetzt. Dagegen fehlen alle anderen Klauseln der Quittung, insbesondere die Nichtangriffsklausel, auch in BGU IV 1058, wo ausnahmsweise der volle Lohn vorausbezahlt wurde.[25]

---

[21] Oxy. XIV 1717 ist insoweit nicht erhalten.

[22] S. oben S. 15 ff.

[23] S. genauer zum Verhältnis von Vertragsdauer und Vorauszahlung Adams, Paramone 159 Anm. 352.

[24] BGU IV 1058, 1106, 1107, 1108, 1109 (13 a. – 5 a.), SB V 7619 (= Rein. II 103 + Ryl. II 178) (26), PSI III 203 (87), PSA 20 (111).

[25] Siehe auch oben I 2. Eine Erklärung für diese Erscheinung ist nicht mit Sicherheit zu finden. Als Grund läßt sich nur vermuten, daß die Vertragsurkunden zum Teil keine Straf- und Praxisklausel zu Lasten des Dienstherrn oder des Sklavenherrn enthalten, falls dieser seinen Verpflichtungen nicht nachkommt, oder daß die Strafklausel zu Lasten des Herrn gegenständlich beschränkt ist und damit einen schon geleisteten Betrag nicht erfaßt (s. o. z. B. in BGU IV 1122 und 1106–1109). Daraus kann gefolgert werden,

§ 4 *Scheidung*

Als letzten größeren geschlossenen Urkundenkomplex haben wir noch die sogenannten Scheidungsurkunden zu durchmustern. An dieser eingebürgerten Bezeichnung soll festgehalten werden, obwohl die wohl allgemeine Meinung[1] dahingeht, daß der eigentliche Inhalt der Urkunde in der Bestätigung der Rückgewähr der Mitgift und der anderen Gütermassen an die Seite der Frau liegt, während die Erklärung über die Scheidung – jedenfalls in ptolemäisch-römischer Zeit – nur auf einen schon vorher abgeschlossenen Vorgang hinweist.[2] Im folgenden sollen die wesentlichsten Klauseln dieser Urkunden – soweit sie für uns von Bedeutung sind – analysiert werden; ein typisches Formular gibt es nicht, die Ausgestaltung der einzelnen Urkunden wechselt, jedoch sind die Grundzüge in etwa gleich.

I. Als Muster für eine Scheidungsurkunde sei, trotz der genannten Uneinheitlichkeit, der besseren Übersicht halber verkürzt SB VIII 9740 (a. 177) angeführt:
Ὁμολογοῦσιν ἀλλήλοις Ἀφροδισία ... καὶ ὁ γενόμενος αὐτῆς ἀνὴρ Πτολεμαῖος ... συνῆρσθαι αὐτοὺς τὴν πρὸς ἀλλήλους συνβίωσιν ἥτις αὐτοῖς συνεστήκει καὶ ἐξεῖναι ἑκατέρωι αὐτῶν τὰ καθ' ἑαυτὸν οἰκονομεῖν ὡς ἐὰν αἱρῆται· τῆι δὲ Ἀφροδισίαι σὺν ἑτέρωι ἀνδρὶ ἐπισυναρμόζεσθαι ..· Ἀφροδισία δὲ ἀπέχειν παρὰ Πτολεμαίου ἣν προσηνέγκατο αὐτῶι φερνὴν ...· μηδὲν δ' ἀλλήλοις ἐνκαλεῖν περὶ μηδενὸς κτλ.

II. 1. Belege aus *ptolemäischer* Zeit sind sehr selten. Freib. III 29 a (179 a.), eine Agoranomenurkunde,[3] ist die einzige Urkunde, die im Stil den römischen Urkunden entspricht. Von BGU VI 1284 (100 a.) sind nur wenige Zeilenanfänge erhalten. Die Bedeutung von Tebt. III 1, 809 (156 a.) können wir nicht mit Sicherheit festlegen; in chirographischer Form wird wohl die Verpflichtung zur Rückgabe der φερνή festgestellt, unter der Bedingung,

daß einerseits die Vertragsurkunden selbst, aus denen der „Anspruch“ des Dienstverpflichteten hervorgeht, bereits den Beweis für die Leistung schaffen, und daß andererseits bei fehlender Straf- und Praxisklausel auch eine Haftungsunterwerfung nicht vorliegt, also wohl auch ein Klageverzicht überflüssig erschien.

[1] Levy, Der Hergang der römischen Ehescheidung 106 ff., Erdmann, SZ 61 (1941) 46, 49, Modrzejewski, IURA 12 (1961) 175, zuletzt Merklein, Das Ehescheidungsrecht nach den Papyri der byzantinischen Zeit 59 ff., Häge, Ehegüterrechtliche Verhältnisse 75.

[2] S. unten III 1.

[3] So Wilcken, P. Freib. III S. 50 f. entgegen Partsch, ebenda S. 3 ff., der eine Sechszeugenurkunde annehmen wollte.

daß der bei der Frau befindliche Ehevertrag aufgehoben wird,[4] darauf folgt ein Königseid auf Ausführung der Vereinbarung.[5] Ob eine Erklärung über die Beendigung der Ehe vorausging, ergibt sich aus dem zerstörten Text nicht.

Wesentlich zahlreicher sind die *römischen* Urkunden. Neben einigen alexandrinischen Synchoreseis[6] ist uns eine Anzahl von staatsnotariellen Homologien aus dem Fayum,[7] sowie ein Auszug aus einem Register von Bank-Diagraphai[8] und aus Oxyrhynchos eine Synchoresis[9] und zwei staatsnotarielle Homologien[10] überliefert.

Aus *spätrömisch-byzantinischer* Zeit stammen die chirographischen Homologien Grenf. II 76 (305) = MChr 295 = JP 21 = SP I 8 und Straßb. III 142 (391). Außerdem enthält die Sammlung der Funde von Dura-Europos zwei objektive Zeugenurkunden: Dura 31 (204), 32 (254).

2. Die Stilisierung der Urkunden weicht etwas vom gewohnten Schema der Quittungen ab, bedingt allein durch den Inhalt dieses Geschäfts. Die Erklä-

---

4 ERDMANN, aaO. 46, neigt zur Annahme einer Quittung. Dagegen spricht jedoch, daß die Pherne noch zurückzugeben ist. Die Erklärung ist außerdem an die Frau gerichtet, wie sich aus der Wendung ἐφ'ὧι συναιρεῖταί μοι ἣν ἔχει ἡμῶν συνοικεσίου συγγραφήν ergibt, ἔχει kann sich nur auf die Ehefrau beziehen.

5 S. zum Königseid SEIDL, Der Eid im ptolemäischen Recht 12 ff.

6 BGU IV 1102 = CPJ II 144 (13 a.), 1103 = SP I 6 (13 a.), 1104 (8 a.), hierzu s. noch genauer unten V.

7 Mich. II 121 Ro II 4 (42) Auszug in einem Register, BGU III 975 (45), Fouad I 34 (70/79), Princ. II 31 (79), Mil. Vogl. III 184 (I), Fam. Tebt. 13 (113/114), Lips. I 27 = MChr 293 (123), Mil. Vogl. II 85 (138) eine Abschrift, SB VIII 9740 (177), Mil. Vogl. III 185 (139), CPR I 23 = MChr 294 (II). Eine Scheidungsurkunde ist nicht gegeben in Giss. I 30, anders HÄGE aaO. 244 Anm. 20; es scheint sich um eine Auseinandersetzung zwischen ehemaligen Eheleuten zu handeln, auf die Scheidungsurkunde wird Bezug genommen (Z. 3), die näheren Umstände sind infolge der starken Zerstörung nicht ersichtlich.

8 PSI VIII 921 Z. 25–31 (143).

9 Oxy. II 268 = MChr 299 (58), s. unten V.

10 Oxy. II 266 = MChr 292 = SP I 7 (96). Oxy. VI 906 (II/III) ist nur im zweiten Teil erhalten; es liegt wohl eine öffentliche, als Homologie stilisierte Urkunde vor. Um eine der von MEYER, JP S. 105 gekennzeichneten privatschriftlichen Objektivurkunden handelt es sich nicht, da die Urkunde am Ende das Datum nicht bringt, wohl aber ein, wenn auch kurzes, Signalement der Parteien. Die Kyriaklausel (Z. 10), die sonst nur bei privaten Urkunden auftaucht, spricht allerdings gegen eine öffentliche Urkunde, jedoch ist in dieser späten Zeit eine Abschleifung des Brauchs nicht auszuschließen; um eine Synchoresis handelt es sich jedenfalls nicht, das Verb συγχωρεῖν in Z. 9 bezieht sich nur auf den Ehevertrag, im Zusammenhang mit der ἄκυρος-Erklärung einer Urkunde kommt es auch sonst häufig vor (s. u. S. 91).

rung über die Aufhebung der Ehe (s. unten III 1.) wird in der Regel[11] von beiden Gatten abgegeben, die über den Empfang der Mitgift von der Frau selbst oder einem Dritten (s. unten III 3.), die über die Aufhebung der Eheurkunde wieder von beiden und die Nichtangriffsklausel (s. unten IV 1.) bald von beiden, bald nach einer vorangehenden, gesonderten Erklärung der Frau von beiden.

Bei den Synchoreseis und den objektiven Homologien[12] erfaßt das Verb συγχωρεῖν bzw. ὁμολογεῖν grammatikalisch alle Erklärungen der Parteien.

III. Den geschäftstypischen Inhalt dieser Urkunden bilden die Klauseln über die Aufhebung der Ehe und über die Rückgewähr der Mitgift. Dementsprechend treten als Parteien die Eheleute auf, daneben aber auch manchmal zusätzlich die Eltern der Frau und des Mannes.

1. Voran steht die Erklärung der Eheleute, daß die Ehe aufgehoben wurde.[13] Die häufigste Formulierung lautet: ὁμολογοῦσιν συνῆρσθαι τὴν πρὸς ἀλλήλους συμβίωσιν[14] (z. B. Lips. I 27); daneben begegnet auch κεχωρίσθαι συμβιώσεως (BGU IV 1102). Gemeinsam ist allen Wendungen, daß auf eine schon vorgenommene Trennung Bezug genommen wird;[15] das wird besonders deutlich in der mitunter gebrauchten Bezeichnung des Mannes als ὁ γενόμενος ἀνήρ, d. h. als ehemaliger Gatte. Damit ist auch die Frage entschieden, ob die Scheidung der Schriftform bedarf, ob die Urkunde dispositiver Natur ist.[16] Die Verweisung stellt klar, daß die Trennung der Eheleute schon frü-

[11] Ausnahmen sind: Tebt. III 1, 809, Straßb. III 142: Ein von der Frau dem Mann ausgestelltes Cheirographon. Zu BGU IV 1104, Oxy. II 268 s. unten V; da der Mann tot ist, sind die Urkunden notwendig einseitig gefaßt.

[12] D. h. aus römischer Zeit alle genannten Urkunden bis auf die Diagraphe PSI VIII 921. Dura 32 wird hierher zu ziehen sein, wie auch Nr. 31, denn die Erklärungen hängen von einem nicht mehr erhaltenen Verb ab, das nur ὁμολογεῖν gewesen sein kann.

[13] Die Erklärung ist nicht erhalten in: CPR I 23, aber in der Hypographe wird die Trennung festgestellt; Oxy. VI 906; Mich. II 121 Ro II 4 aufgrund der nur auszugsweisen Abschrift; Freib. III 29 a.

[14] Es ist wohl zu lesen συνῆρσθαι, von συναίρω und nicht von συναιρέω abgeleitet, also zu übersetzen mit „aufgehoben"; so gegen Mitteis in Einleitung zu MChr 293 Wilcken, Arch. 8 (1927) 313 und Preaux, Chron. d'Eg. 37 (1962) 329.

[15] Die Auffassung Modrzejeswkis, IURA 12 (1961) 169 in BGU IV 1102 (13 a.) sei eine Scheidung vom Jahre 17 a. vorausgegangen, trifft nicht zu, da Z. 7 ff. sich nicht auf eine Scheidung, sondern auf den Ehevertrag bezieht, wie sich aus dem Vergleich mit den anderen Scheidungsurkunden ergibt, die die Eheurkunde stets an dieser Stelle erwähnen (s. unten 4.). So auch Yaron, IURA 13 (1962) 171.

[16] S. die oben in Anm. 1 Genannten.

her eingetreten ist, eine bereits feststehende Tatsache ist und nicht erst jetzt erklärt wird.

Dahingestellt bleiben kann hier, ob durch Grenf. II 76 (305) und durch Straßb. III 142 (391) eine andere Entwicklung eingeleitet wurde.[17]

Die Erklärung fehlt aber in zwei Urkunden, die sonst dem Formular der Scheidungsurkunde entsprechen: in BGU IV 1104 und Oxy. II 268; zu erklären aus der Tatsache, daß der Mann – bei noch bestehender Ehe – verstorben war (s. dazu unten V).

2. Der Feststellung des Endes der Ehe entspricht in positiver Hinsicht die Gestattung der anderweitigen Wiederheirat. Der Standort der Klausel im Formular wechselt, zum Teil folgt sie direkt auf die Scheidungserklärung, zum Teil nach der Quittierung des Empfangs der Mitgift, zum Teil auch erst am Ende der Urkunde im Zusammenhang mit der Nichtangriffsklausel. Überwiegend bezieht sie sich nur auf die Frau, manchmal jedoch auch auf beide Gatten.[18] Ihr Inhalt geht dahin, daß die Heirat mit einer anderen Person erlaubt sei und daß der ehemalige Gatte keine irgendwie geartete Klage erheben dürfe. Vereinzelt wird eine dennoch erfolgende Klage für ἄκυρος erklärt[19] oder auch ein Strafgeld für die Klage festgesetzt.[20]

Interessanterweise treffen wir die Klausel auch in BGU IV 1104, dem schon erwähnten Fall, daß der Mann bereits verstorben war.

3. Den eigentlichen Inhalt der Urkunden bildet nun die Bestätigung der Rückgewähr der Mitgift und des sonstigen Guts der Frau.[21]

Während in der Regel die Frau die Rückgewähr an sich selbst quittiert, treten in manchen Fällen auch andere Personen auf. In Fam. Tebt. 13 erhält

---

17 So LEVY, Ehescheidung 116 ff., dagegen ERDMANN, SZ 61 (1941) 50 und neuestens MERKLEIN, aaO. 59 ff.

18 Dura 32, Fam. Tebt. 13, Fouad I 34, Grenf. II 76, Lips. 27, Mil. Vogl. II 85, III 184, 185, PSI VIII 921 Z. 21 ff., SB VIII 9740: Auf die Frau bezogen.

BGU IV 1102, 1103, Dura 31, Oxy. VI 906: Zugunsten beider Eheleute.

Straßb. III 142 ist ein Ausnahmefall, da es sich nur um eine dem Mann von der Frau ausgestellte Urkunde handelt. Ob die Gestattung in Oxy. II 266 fehlt, läßt sich nicht sagen, da das erhaltene Urkundenfragment sie nicht enthält, sie aber in diesem erhaltenen Teil zu erwarten gewesen wäre. Das Fehlen in Mich. II 121 Ro II 4 ist wohl nur auf die Kurzfassung zurückzuführen. Zerstört sind insoweit: Freib. III 29 a, Princ. II 31, BGU III 975, CPR I 23.

19 Oxy. VI 906, Dura 31.

20 BGU IV 1102, 1103, 1104, Dura 31.

21 Vgl. hierzu HÄGE, Ehegüterrechtliche Verhältnisse in den griechischen Papyri. In PSI VIII 921 Z. 21 ff. fehlt eine ausdrückliche Bestätigung, die Rückgewähr kann aber wohl aus der Nichtangriffsklausel erschlossen werden, die auf das eingebrachte Gut ab-

der Vater der Frau die Mtgift zurück; ähnlich in Oxy. VI 906, hier ist allerdings nicht zu erkennen, ob es der Vater oder die Mutter der Frau ist. In Lips. I 27 dagegen wird das Frauengut dem Vater der Frau nicht vom Manne, sondern von einer dritten Person zurückgegeben; in Mil. Vogl. III 185 von dem Vater des Mannes.[22] In diesen Fällen wirken die Eltern – oder wer auch immer es sein mag – nur bei der Rückstellung der Mitgift mit, sie treten bei der Erklärung über die Scheidung nicht in Erscheinung.[23]

Zurückgegeben werden die Mitgift, die Parapherna und sonstige dem Mann von der Frau überlassene Gegenstände oder deren Geldwert; auf die Einzelheiten und auf die zugrundeliegenden ehegüterrechtlichen Regelungen einzugehen, erübrigt sich, eine Verweisung auf das genannte Werk von Häge genügt.

Der Betrag der Mitgift wird überwiegend beziffert; man begnügt sich jedoch mitunter auch mit der pauschalen Erklärung: ... τὴν φερνήν ...[24]

Die beiden Dura-Urkunden erwähnen eine Mitgift nicht; nach Dura 31 lebten die Eheleute ἀγράφως zusammen, eine Mitgift war vielleicht nicht bestellt worden; in Dura 32 bestätigt die Frau den Empfang von Sachen, ohne sie als Mitgift zu bezeichnen.[25] Tebt. III 1, 809 bringt evtl. nur eine Verpflichtung zur Rückgabe an die Frau, aber nicht die Empfangserklärung der Frau selbst.[26] Mil. Vogl. II 85 enthält ebenfalls nur eine Erklärung des Mannes, gewisse Gegenstände nach 60 Tagen der Frau auszuliefern.[27]

---

stellt. Lond. II 178 (S. 207) (145) stellt eine chirographische Quittung über die Teilrückzahlung einer προίξ von 1000 Drachmen in Höhe von 400 Drachmen dar; die Restforderung von 600 Drachmen wird vorbehalten. Die Quittung soll κύριον ὡς ἐν δημοσίωι κατακεχωρισμένον sein.

22 Zur Parallele im Ehevertrag – Aushändigung nicht an den Mann, sondern an eine dritte Person – s. Häge, aaO. 132 ff., der den Brauch als Rezeption aus dem ägyptischen Recht erklären möchte (S. 139).

23 Die Ansicht Häges (aaO. S. 136 mit Anm. 21), daß auch der Vater des Mannes die Aufhebung der Ehe bestätigt, trifft wohl nicht zu. Das Zitat Häges (Mil. Vogl. III 185 Z. 28 ff.) ist der Hypographe entnommen, in der allerdings auch der Vater die Aufhebung homologiert, der entscheidende Passus des Vertrags selbst (Z. 13 ff.) spricht jedoch nur von den Ehegatten, wie auch in der Hypographe der Frau und ihrer Mutter sauber getrennt wird zwischen Aufhebung – nur die Frau homologiert – und dem Empfang der Mitgift – nur die Mutter homologiert –. Danach ist die Wendung in Z. 28 ff. nur eine mißverständliche Kürzung und ändert nichts an den im Text getroffenen Feststellungen.

24 Fam. Tebt. 13, Grenf. II 76, SB VIII 9740.

25 S. Häge, aaO. 61 Anm. 97, 211 Anm. 8.

26 S. oben Anm. 4, vgl. auch Häge, aaO. 33 Anm. 54. Wolff, Written and unwritten marriages 20 Anm. 61 möchte die Urkunde als Petition auffassen.

27 Zur rechtlichen Einordnung der Objekte s. Häge, aaO. 232 Anm. 3: παράφερνα.

4. Auf den zugrundeliegenden Ehevertrag wird regelmäßig Bezug genommen.[28] Auch Verweisungen auf eine schriftlose, aber vollgültige Ehe[29] kommen vor.[30]

Der schriftliche Ehevertrag wird entweder für ἄκυρος erklärt oder zur ἀθέτησις καὶ ἀκύρωσις übergeben.[31] Die ptolemäischen Belege ergeben kein klares Bild. In Tebt. III 1, 809 (s. oben Anm. 4) macht der Mann es zur Bedingung der Rückerstattung der Mitgift, daß die Frau den Vertrag aufhebt; in Freib. III 29 a ergänzt WILCKEN Z. 18 mit allem Vorbehalt in die-

---

28 Hier sind mehrere Vertragsarten nach ihrer Bezeichnung zu unterscheiden, die sich vor allem auf den Inhalt, nicht aber auf die Urkundsform bezieht.

a) συγγραφὴ ὁμολογίας: Fam. Tebt. 13, Freib. III 29 a, Lips. 27, Mil.Vogl. III 185, 184.

b) συγγραφὴ συνοικεσίου: Oxy. II 266, Princ. II 31, Tebt. III 1, 809.

Die in Oxy. VI 906 Z. 8 genannte συγγραφή läßt sich nicht klassifizieren (s. unten Anm. 31). Nach den Feststellungen WOLFFS, aaO. 13 ff. enthält ursprünglich die erstere die vermögensrechtlichen, die zweite die eherechtlichen Abreden; jeder der beiden Typen konnte jedoch später die Bestimmungen des anderen in sich aufnehmen.

c) συγγραφὴ γάμου: BGU III 975. Die Bezeichnung dürfte eine Neubildung sein, die aber wohl keinen neuen Vertragstyp verkörpert, vgl. HÄGE, aaO. 116 Anm. 54.

d) συγχώρησις γάμου: BGU IV 1102, 1103, 1104, Oxy. II 268. Die nicht enchorische Form des Ehevertrags griechischen Rechts mit voller privatrechtlicher Wirkung: WOLFF, aaO. 5, 34 ff.

e) συγγραφὴ τροφῖτις: Fouad I 34, die nationalägyptische Form des Ehevertrags.

29 WOLFF, aaO. 51 ff.

30 Dura 31, PSI VIII 921 Z. 25. Soweit, wie in den folgenden Fällen eine Erwähnung des Ehevertrags fehlt, wird man eine schriftlose Ehe annehmen dürfen: Dura 32, Grenf. II 76, Mil. Vogl. II 85, SB VIII 9740, Straßb. III 142.

31 ἄκυρος-Erklärung: Wie bei den Darlehensquittungen in den Synchoreseis: BGU IV 1102, 1103, 1104, Oxy. II 268; staatsnotarielle Urkunde: Mil. Vogl. III 185. Gegenstand ist auch eine „verlautbarte" Syngraphe in Oxy. VI 906; ob es sich hier um eine Privaturkunde oder eine öffentliche Urkunde handelt, ist infolge der Zerstörung nicht zu entscheiden; die Vornahme der Demosiosis läßt eher an eine ἰδιόγραφος συγγραφή – also eine privatschriftliche Objektivurkunde – denken (vgl. MEYER, JP S. 105, Hgb. in Anm. zu Z. 9, LEWALD, VJSchr für Sozial- und Wirtschaftsgesch. 12, 478), die vom Stil her aber nicht mit einem Cheirographon gleichzusetzen ist.

Übergabe εἰς ἀθέτησιν καὶ ἀκύρωσιν: Oxy. II 266, Lips. I 27.

Die entsprechenden Stellen sind zerstört in Princ. II 31, BGU III 975, Fouad I 34, Mil. Vogl. III 184. Fam. Tebt. 13 ist in dieser Beziehung nicht recht klar; als Ehevertrag wird eine συγγραφὴ ὁμολογίας genannt, für ἄκυρα erklärt werden χειρόγραφα, die zwischen Schwiegervater und -sohn errichtet wurden. Zu dieser Zeit läßt sich aus der Bezeichnung des Ehevertrags als συγγραφὴ ὁμολογίας nichts mehr entnehmen; möglicherweise waren die ehegüterrechtlichen Regelungen in dem Cheirographon getroffen worden.

ser Richtung, dagegen spricht aber das Fehlen einer Parallele für diese Zeit.[31a]

Der Grund der ἀκύρωσις des Ehevertrags wird einmal motiviert, und zwar mit der Aufhebung der Ehe.[32]

Soweit der Ehevertrag genannt ist, läßt sich auch hier entweder eine Parallele zwischen Ehevertrag und Scheidungsurkunde[33] oder doch eine andere der staatsnotariellen Urkunde[34] entsprechende Form feststellen.

IV. Sonstige Klauseln der Scheidungsurkunden

1. Belege für die Nichtangriffsklausel sind erst aus römischer Zeit erhalten.[35] Dabei lassen sich zwei Typen unterscheiden, sowohl hinsichtlich des Erklärenden als auch hinsichtlich des Objekts, für das auf die Klage verzichtet wird. Die Ausgestaltung im übrigen entspricht den bei den Darlehensquittungen getroffenen Feststellungen.[36]

a) In den meisten Fällen erklären die Parteien, die Eheleute und, soweit noch andere an dem Vertrag beteiligt sind, auch diese, mehr oder weniger ausführlich, gegeneinander nicht klagen zu wollen: ὁμολογοῦσιν μηδὲν ἀλλήλοις ἐγκαλεῖν.

Als Objekt werden angeführt die in die Ehe oder besser in das Zusammenleben eingebrachten Sachen, alle anderen schriftlichen oder schriftlosen Angelegenheiten oder Schulden; zeitlich gilt dieser Verzicht von früher bis zum Tage der Urkundserrichtung.[37]

31a S. u. S. 75 f.

32 Oxy. II 266: ἧς τὴν ἐπίφορον αὐτόθεν ἀναδεδωκέναι dem Mann [κεχιασμένην ε]ἰς ἀκύρωσιν ἕνεκα τοῦ [ἀν]αζυγὴν τοῦ γάμου [γενέσθαι κτλ.] (Z. 14 ff.).

33 Öffentliche Urkunden: Oxy. II 266, 268, Princ. II 31, BGU III 975, IV 1102, 1103, 1104, Fam. Tebt. 13, Lips. 27, CPR I 23, Mil. Vogl. III 184, 185. Für den ptolemäischen P. Freib. III 29 a ist die Frage nicht zu entscheiden, da die Eheurkunde nur als συγγραφή bezeichnet ist, dieser Begriff aber sowohl die öffentliche wie auch die private Urkunde erfaßt. Zu Oxy. VI 906 s. oben Anm. 10 und 31.

34 Fouad I 34.

35 Tebt. III 1, 809 (156 a.) enthält naturgemäß die Klausel nicht, von Freib. III 29 a (179 a.) ist der letzte Teil der Urkunde nicht erhalten.

Röm. Zeit: Die Mich. II 121 Ro II 4 zugrundeliegende Vertragsurkunde hat sie wohl enthalten, sie ist in dem Auszug aber nicht aufgeführt. Zerstört sind insoweit: Fouad I 34, Mil. Vogl. III 184, Princ. II 31.

36 S. oben S. 15 ff. Der Ausdruck μηδένα λόγον ἔχειν tritt nur in Straßb. III 142 (391) auf.

37 BGU III 975, CPR I 23, Dura 31, Fam. Tebt. 13, Lips. 27, Mil. Vogl. II 85, III 185, Oxy. VI 906, PSI VIII 921, SB VIII 9740.

b) Der zweite Typ der Klausel stellt gegenüber dem genannten eine Erweiterung dar, allerdings nur in der Formulierung, nicht in der Sache. Der gemeinsamen, allgemein gehaltenen Erklärung der Eheleute geht noch eine gesonderte, nur auf die zurückgewährten Sachen bezogene voraus:[38] μὴ ἐπελεύσεσθαι . . . περὶ ἀπαιτήσεως τοῦ φερναρίου. Am ehesten hier einzuordnen ist Oxy. II 266; beide Eheleute geben getrennte Erklärungen ab: Die Frau zunächst konkret bezogen auf die Mitgift und dann ganz allgemein im geschilderten Rahmen, der Mann in der üblichen allgemein gehaltenen Fassung. Dura 32 bringt zwei getrennte Klauseln gleichen Inhalts, in denen zuerst wegen des Empfangs auf eine Klage verzichtet wird und dann noch in der allgemeinen Fassung für jede andere Schuld. Straßb. III 142 ist nach seiner Eigenart – Cheirographon der Frau an den Mann – auch hier notwendig einseitig gehalten; entspricht aber sonst dem üblichen Schema.

2. Ein Vorbehalt weiterer Forderungen begegnet nicht, ebensowenig Straf- und Praxisklausel für die Verletzung der Nichtangriffsklausel; auf die Ausnahme hinsichtlich der Wiederverheiratung wurde schon hingewiesen. Die Kyriaklausel tritt in einfacher Form auf in Straßb. III 142 – so ist wohl Z. 21 zu ergänzen – und Oxy. VI 906; in der Form der Demosiosis-Klausel in Grenf. II 76.

V. Zwei Urkunden haben wir noch gesondert zu betrachten: BGU IV 1104 (8a.) und Oxy. II 268 = MChr 299 (58). In beiden Fällen ist der Ehemann schon vorverstorben und die Frau bestätigt nun die Rückgewähr der Mitgift durch die Schwiegermutter (BGU IV 1104), bzw. durch den Neffen des Mannes (Oxy. II 268).[39] Die Urkunden entsprechen grundsätzlich dem Aufbau der Scheidungsurkunden. In beiden fehlt naturgemäß die Klausel über die Aufhebung der Ehe, die Eheurkunde wird aber für ἄκυρος erklärt. In BGU IV 1104 wird auch die Wiederverheiratung der Frau gestattet und ein Einschreiten von der Seite des Mannes mit Strafe bedroht. Die Nichtangriffsklausel ist einseitig gefaßt; sie umfaßt in Oxy. II 268 die Mitgift, den Erbteil und jede andere Schuld bis zum Tage der Errichtung der Urkunde, in BGU IV 1104 die empfangene Mitgift, alle Angelegenheiten aus der Ehe und jede andere Schuld bis zum Tage der Errichtung der Urkunde. Straf- und Praxisklausel fehlen. Nur Oxy. II 268 bringt eine Erklä-

---

[38] BGU IV 1102, 1103, Grenf. II 76.

[39] Zur genaueren Ausgestaltung des Sachverhalts, der uns hier nicht interessiert, s. MITTEIS, Chrest. S. 299 f., KRELLER, Erbrechtliche Untersuchungen 132, HÄGE, aaO. 174.

rung, daß jeder trotzdem stattfindende Angriff ἄκυρος sein soll; außerdem wird von zweiter Hand an der Seite der Urkunde eine Schuld vorbehalten, die sich auf einen Kauf zu beziehen scheint.

§ 5 Sonstige Leistungen

A. Παρακαταθήκη

1. Wie der älteste und einzige ptolemäische Beleg für die Rückzahlung eines Depositums Eleph. 30 (224 a.) sind auch aus römischer Zeit Lond. II 172 (S. 205) (105), PSI VII 775 (III) und BGU III 941 (376) Cheirographa. Dazu kommen noch als staatsnotarielle Urkunde BGU I 196 (109) und als Bankdiagraphai PSI VIII 921 Z. 6–9 (143), Lond. III 907 (S. 169) = MChr 337 (134) und SB IV 7465 (Graux 5) (44). Die Stilisierung folgt den allgemeinen Regeln. Die Cheirographa sind mit Ausnahme von Eleph. 30 als subjektive Homologien gefaßt. Das Verb ὁμολογεῖν erfaßt grammatikalisch alle Erklärungen des Gläubigers.

2. Die Rückgewähr des Verwahrguts geschah in der Regel an den Gläubiger selbst.[1] Ein interessanter Fall ist insoweit BGU III 941: Der Schuldner hatte auf Anweisung des Gläubigers an einen Dritten geleistet; der Gläubiger bestätigt nun die Zahlung an den Dritten, erklärt selbst aber nicht den Empfang, sondern wiederholt den Sachverhalt nur als Begründung für die sofort folgende Nichtangriffsklausel,[2] andere Klauseln bringt die Urkunde nicht. Der Empfang wird stets mit ἀπέχειν ausgedrückt, einmal auch mit ἔχειν. Die Quittungen über die volle Leistung nennen den Betrag,[3] die über eine Teilleistung nur die erbrachte Leistung, aber nicht den ganzen Betrag der Paratheke.[4]

3. Die Urkunden über die Verwahrung selbst werden bis auf Eleph. 30 und BGU III 941 genannt, im ersteren Fall wird man ein zugrundeliegendes mündliches Geschäft annehmen können.

Die Geschäftsurkunden gleichen dem Typ nach den Quittungen[5] bis auf PSI VII 775 und SB IV 7465. PSI VII 775 nennt nur die γράμματα παραθήκης, eine bestimmte Art ist damit nicht angesprochen, da aber jeder Hin-

---

[1] Weber, OR 20 ff.

[2] S. Weber, OR 54, unten 4.

[3] BGU I 196, III 941, Eleph. 30, Lond. III 907 (S. 169), PSI VII 775, SB IV 7465.

[4] Lond. II 172 (S. 205); PSI VIII 921 Z. 6 ff.: Rest.

[5] BGU I 196, Lond. II 172 (S. 205), III 907 (S. 169), PSI VIII 921.

weis auf ein ausstellendes Büro fehlt, wird man an ein Cheirographon denken dürfen. SB IV 7465 führt eine ἐξαμάρτυρος ὁμολογία an,[6] im Jahr 44 ist wohl eine wahre Sechszeugenurkunde nicht auszuschließen. Die Schuldurkunde wird in der Regel εἰς ἀθέτησιν καὶ ἀκύρωσιν übergeben[7] und bei Verlust für ἄκυρος erklärt.[8] Eine Erwähnung fehlt bei der Teilleistung Lond. II 172 (S. 205).

4. Eine Nichtangriffsklausel fehlt in Eleph. 30, SB IV 7465 und bei der Teilleistung Lond. II 172 (S. 205). Der Grund hierfür ist bei Eleph. 30 und SB IV 7465 nicht recht ersichtlich; daß noch eine andere Quittung ausgestellt wurde, ist unwahrscheinlich.

Die anderen Belege bringen die übliche Fassung, zeitlich erstreckt bis zum Tage der Quittungserteilung; objektmäßig bezogen auf die erfüllte und auf jede andere Schuld.[9] BGU III 941 (376) enthält allein die Wendung μηδένα λόγον ἔχειν.

5. Andere Klauseln, wie die Vorbehalts-, Straf- und Praxisklausel fehlen, ebenso die Kyriaklausel.

B. Eine einheitlich stilisierte Gruppe bilden die uns erhaltenen Quittungen über die Auszahlung von Legaten, das gilt auch für die beiden durch ein römisches Manzipationstestament angeordneten Legate (BGU VII 1662, PSI VII 738). Es handelt sich dabei um Fälle des Damnationslegats.[10] In Fay. 97 kann aufgrund der Natur der Teilungsurkunde auch eine Erbteilsauszahlung angenommen werden.

1. Als Synchoresis ist BGU IV 1151 I = CPJ II 143 (13 a.) gehalten. Objektiv stilisierte Homologien, wohl in staatsnotarieller Form, sind Fay. 97 (78), PSI VII 738 (100) und BGU VII 1662 (182).[11] BGU I 187 (159) ist

---

6 S. oben § 1 Anm. 12.

7 BGU I 196, SB IV 7465; Lond. III 907 Z. 16 nach ἀναδεδ[ωκέναι zu ergänzen.

8 PSI VII 775, VIII 921. In der letzten Urkunde ist Z. 7 f. wie folgt zu ergänzen: ... συνχ[ωρεῖ ἄκυρον] εἶναι und nicht συνχ[ιαστὴν] εἶναι, da dieses Wort sonst nicht begegnet und in diesem Zusammenhang συνχωρεῖν auch bei Nichtsynchoresisurkunden häufig ist.

9 Sehr ausführlich: BGU I 196, PSI VII 775; kurz: Lond. III 907, PSI VIII 921, wie auch sonst bei Bankurkunden üblich.

10 S. allgemein hierzu Taubenschlag, Law 196; Kreller, Erbrechtliche Untersuchungen 343, 383 f.; Amelotti, Il testamento romano 134 f.

11 Die Rückseite trägt Reste eines roten Stempels, des χάραγμα, die Urkunde wurde also im Archiv registriert (vgl. Wilcken, Arch. 1, 1901, 76 Anm. 1).

ein Cheirographon,[12] ebenso SB VI 9296 (153) und als subjektive Homologie stilisiert Hawara 41 (Arch. V S. 380) (15). Die Verben ὁμολογεῖν bzw. συγχωρεῖν erfassen den ganzen Urkundeninhalt.

2. Parteien sind Erbe und Legatar. In BGU VII 1662 tritt ein Vertreter der Legatarin, einer Alexandrinerin, auf, eine ausführliche Vollmachtsurkunde ist angefügt.[13]

Der Empfang wird mit λαμβάνειν oder ἀπέχειν ausgedrückt.

Das volle Vermächtnis wird ausgezahlt in Fay. 97, BGU I 187, Hawara 41, SB VI 9296, PSI VII 738. In der letzteren Urkunde bestätigt die Erbin noch den Empfang einer Pachtzinsschuld in natura; inwieweit beide Summen tatsächlich geleistet wurden und nicht evtl. verrechnet wurden, läßt sich nicht sagen.

Nur ein Teilbetrag wird geleistet in BGU VII 1662. Ebenso in BGU IV 1151 I; hier folgt noch eine eigene Stundungsabrede für den Rest der Schuld, gesichert mit Straf- und Praxisklausel. Die Summen sind stets genannt, bei der Teilleistung auch der Betrag des Vermächtnisses selbst.

3. Als Urkunden, aufgrund derer gezahlt wurde, werden angeführt eine rein griechische διαθήκη (BGU I 187, SB VI 9296), eine Ῥωμαική διαθήκη in griechischer Übersetzung – wohl Manzipationstestamente[14] – (BGU VII 1662, PSI VII 738, Hawara 41[15] – möglicherweise ein Soldatentestament –), eine διαθήκη διὰ τοῦ τῶν Ἰουδαίων ἀρχείου (BGU IV 1151 I) und eine μεριτία – eine elterliche Teilung zu Lebzeiten[16] – (Fay. 97).

Von einer Gleichartigkeit der Urkunden oder der Formen läßt sich bei den beiden römischen Testamenten nicht sprechen, da die Manzipationstestamente notwendig mündliche Akte sind.

Die Art der Urkunde, in der das Testament niedergelegt wurde, ist sonst nicht sicher zu ermitteln. Bei BGU IV 1151 und Fay. 97 erscheint ein Gleichgewicht der Urkundsform nicht ausgeschlossen, in BGU I 187 und in Hawara 41 fehlt jeder Anhaltspunkt. Eine Ausnahme ist SB VI 9296, wo das Testament als Agoranomenurkunde bezeichnet wird; ob das Quittungscheirographon eine κυρίον ὡς ἐν δημοσίωι-Klausel trug, ist nicht sicher, da die Urkunde insoweit zerstört ist.

---

12 BGU II 600 bringt auf Vo nur die Erwähnung einer Quittung.

13 Vgl. den Kommentar des Hgb., Weber, OR 37 ff.

14 Amelotti, aaO. 97 Anm. 1, 99 Anm. 1.

15 Amelotti, aaO. 30.

16 Kreller, Erbrechtliche Untersuchungen 209, 219.

Es bleibt noch die interessante Frage, wieso für Leistungen aufgrund eines römischen Testaments in griechischer Form quittiert wird; die Nennung der griechischen Urkunde bezieht sich in beiden Fällen nur auf die griechische Übersetzung. Das Problem ist weniger akut für BGU VII 1662, da die Empfängerin alexandrinische Bürgerin ist und damit in den Formen ihres Rechts handelt. In PSI VII 738 handelt es sich aber um römische Bürger, die Namen lassen nichts über eine etwaige griechische Herkunft erkennen.

Eine ἀκύρωσις der Testamente begegnet nicht; ist auch bei BGU VII 1662 und PSI VII 738 nicht denkbar.

4. Die Nichtangriffsklausel, beschränkt auf die gezahlte Summe, ist anzutreffen in BGU VII 1662,[17] IV 1151 I und Fay. 97. SB VI 9296 und PSI VII 738 bringen eine ausführliche Fassung, sachlich und zeitlich umfassend. BGU I 187 bringt eine Kurzfassung mit dem summarischen Ausschluß eines Vorgehens wegen irgendeiner Forderung.

5. An sonstigen Klauseln finden wir nur in BGU VII 1662 den Vorbehalt hinsichtlich des letzten Teils des Legats (μενόντος τοῦ λόγου κτλ.), angeschlossen an die Nichtangriffsklausel. Dem entspricht in BGU IV 1151 I die genannte Stundungsabrede.

C. Kaufpreisquittungen

Quittungen über die Begleichung des Kaufpreises durch den Käufer können wir bei unserer Betrachtung außeracht lassen, da der Kauf griechischen Rechts auf dem Gedanken des Barkaufs beruht und keine Verbindlichkeit erzeugt; das gilt auch dann, wenn eine Arrha gegeben wurde. Die zuweilen vorkommenden selbständigen Kaufpreisquittungen dienen wohl nur dem Beweis der Zahlung und damit auch des Eigentumserwerbs.[18]

D. Verschiedene Leistungen

1. Schadensersatzleistung für Viehfraß: Ryl. II 73 (33–30 a.), PSI IX 1057 (32). Bauern bestätigen in chirographischer Form (Ryl. II 73) bzw. in einer objektiven Homologie (PSI IX 1057) den Empfang der τιμή für abgefressenes Grünzeug. In der ersten Urkunde wird ein einfaches οὐδὲν ἐγκαλεῖν er-

[17] Es handelt sich nicht um eine βεβαίωσις, wie der Hgb. annimmt zu Z. 9; s. dazu u. S. 103.

[18] Vgl. nur Pringsheim, GLS, insbes. 194 ff.; s. u. § 8 Anm. 61.

klärt, in der zweiten erklärt sich der Bauer zur βεβαίωσις bereit.[19] Weitere Klauseln fehlen.

2. Einen Mischtyp zwischen Kauf und Pacht haben wir in der καρπωνεία, Kauf der Ernte auf dem Halm mit Verpflichtung, selbst zu ernten.[20] In Oxy. IV 728 (142) quittiert der Grundeigentümer, dem nach dem Vertrag zwischen Pächter und Käufer der Preis zu zahlen war (Z. 13 f.), in chirographischer Form (Z. 36 ff.) den Empfang des Preises.[21] Er erklärt daneben noch: οὐδὲν ἐγκαλεῖν, ihm war auch die Befugnis zur πρᾶξις eingeräumt worden (Z. 22).

3. PSI IV 394 (242 a.). X erklärt dem Y in einem Cheirographon, daß er von ihm 30 Artaben erhalten habe aufgrund der Bürgschaft, die dieser für Z auf sich genommen hatte.[22]

4. Fam. Tebt. 21 (122).
Eine Schwester bestätigt ihren Brüdern die Zahlung des Restes ihrer Mitgift, die ihr von dem verstorbenen Vater im Ehevertrag, einer Grapheionsurkunde, versprochen worden war. Es scheint, daß diese Summe noch einmal in einem συγχώρημα – ebenfalls einer Grapheionsurkunde – niedergelegt worden war (Z. 12 f.).[23] Die Erbschaft war von den Brüdern ausgeschlagen worden (s. Nr. 17), es bestand also wohl keine Verpflichtung zur Leistung.[24] Die Quittung ist gleichfalls eine Grapheionsurkunde; die Schuldurkunden werden genau angeführt, aber keine, nicht einmal das συγχώρημα, wird zur ἀκύρωσις übergeben oder für ἄκυρος erklärt; die Frau erklärt – in sehr ausführlicher Fassung –, nicht mehr wegen dieser Forderung noch wegen irgendeiner anderen aus früherer Zeit bis zum Tage der Quittungserteilung vorgehen zu wollen.

5. Fam. Tebt. 53 (208–219).
Auf drei Papyri sind insgesamt zehn Einzelquittungen in chirographischer

---

[19] Zur βεβαίωσις s. u. S. 103. Es liegt nahe, hier an eine Bebaiosis in der weiteren Form zu denken (vgl. PRINGSHEIM, GLS 358 f.), veranlaßt durch den Anklang an einen Verkauf des Futters.

[20] PRINGSHEIM, GLS 305 ff., HERRMANN, Bodenpacht 228 f.

[21] PRINGSHEIM, GLS 306, WOLFF, Beiträge 104. Lips. 15 (II/III) gehört möglicherweise hierher, jedoch ist die Urkunde zu zerstört.

[22] So mit Recht VAN SOEST, 'Εγγύη 35 entgegen SEIDL, Ptol. RG² 161 Anm. 7.

[23] Sachverhalt s. auch HÄGE, Ehegüterrechtliche Verhältnisse 133 Anm. 8.

[24] KRELLER, Erbrechtliche Untersuchungen 50.

Form erhalten über Unterhaltszahlungen, die der Vormund an die Mutter eines Minderjährigen leistet. Gezahlt wurden gleichbleibend 28 Drachmen/Monat. Erst in der vierten Quittung taucht die Wendung auf: μενόντος μοι τοῦ λόγου, durch welche Umstände dies veranlaßt wurde, ist aufgrund der gleichbleibenden Zahlungen nicht zu sehen; wenn nicht noch andere Leistungen zu erbringen waren, kann es sich durchaus nur um eine leere Floskel handeln. Weitere Klauseln sind nicht gegeben.

ZWEITES KAPITEL

DAS QUITTUNGSFORMULAR

Der Überblick über das Material hat ein in der Grundstruktur gleichbleibendes Formular ergeben, dessen weite Verbreitung und Beharrungsvermögen uns erlaubt, die folgende Auswertung mit einiger Erfolgsaussicht auf die Quittungsurkunde selbst und die einzelnen Klauseln, unter besonderer Berücksichtigung ihrer Entwicklung, zu stützen. Zu beachten ist freilich die Relativität jeder Betrachtung eines Formulars, das von seiner Entstehungssituation abgelöst ein Eigenleben führen und dessen Deckung mit den geltenden Rechtsvorstellungen problematisch erscheinen kann. Die Fortentwicklung der einzelnen Klauseln läßt aber gerade hier noch auf eine weitgehende Deckung schließen.

Die folgenden Überlegungen erfassen naturgemäß nur den Fall einer Erfüllung mit Quittungserteilung; wir haben aber zu betonen, daß auch im Recht der Papyri Erfüllungsakte ohne Quittungserteilung vorgekommen sind. Eine kürzlich durchgeführte statistische Überprüfung eines Teils der Darlehensquittungen[1] führte zu dem Ergebnis, daß Quittungen mit wenigen Ausnahmen ausgestellt wurden, wenn besondere Umstände, wie Erbfall, Zins- oder Teilzahlungen vorlagen.[2] Sonst habe wohl die Durchstreichung und Rückgabe der Urkunde genügt. Dieses statistische Resultat wird durch die weiteren Darlehensquittungen der römischen[3] und der ptolemäischen[4] Zeit nicht in vollem Umfang bestätigt, da sich danach das Ver-

[1] P. Yale, S. 195 ff. Die durch Pfandrechte und Antichresen gesicherten Darlehen bleiben dabei ausgeschlossen.

[2] Als Ausnahmefall kann es aber nicht anerkannt werden, wenn die Rückzahlung an einem anderen Ort als dem der Errichtung der Schuldurkunde erfolgte. Die Rückgabe der Schuldurkunde ist infolge der Verwahrung im Archiv auch bei Rückzahlung am gleichen Ort ausgeschlossen (s. u. S. 86 f.).

[3] BGU I 155, II 445, III 813, IV 1134, 1135, 1148, 1149, 1164, 1165, 1169, 1170 II, 1174, VII 1657; Fior. I 48/Giss. I 33; Genf. I 26; Lond. III 1164 b (S. 156), g (S. 162); Mil. Vogl. III 146, 159, IV 226; Oxy. XIV 1715, XXXI 2587; PSA 29; PSI IV 473, VIII 878, X 1131, 1140; Ryl. II 176; SB VI 9201, 9396, 9619; Stud. Pal. XX 13, 18, 30, 72; Warren 9.

[4] Grenf. I 26, II 22, 26, 30, 31; Lips. 7; PSI IX 1023; Rein. 11; Ryl. IV 588; Würzb. 6 (?).

hältnis von angenommenen Regel- und Ausnahmefällen verschiebt. Eine Reihe von Urkunden läßt sich nicht in dieser Art und Weise erklären, ihnen liegen keine besonderen Umstände zu Grunde.[5] Hinzu kommt, daß Quittungen im Rahmen anderer Rechtsgeschäfte, wie Pacht, Miete und Scheidung, Besonderheiten in diesem Sinne nicht aufweisen, zumal wenn die Scheidungsurkunden nicht die Aufhebung der Ehe bewirken, sondern sie voraussetzen.[6] Insgesamt kann gesagt werden, daß bei Vorliegen besonderer Umstände eine gewisse Tendenz zur Quittungserteilung bestand, daß der Annahme einer solchen – einschränkenden – Regel aber eine Zahl von Fällen entgegensteht, die zu groß ist, um sie als Ausnahme zu qualifizieren.

§ 6 *Inhalt und Natur der Quittungsurkunde*

I. 1. Die Quittungsurkunde ist nach geltendem deutschen Recht[1] ein vom Gläubiger gegen sich selbst geschaffenes Beweismittel über die Erbringung der Leistung durch den Schuldner; weitgehend besteht Einigkeit darüber, daß eine Quittung auch einen selbständigen Schulderlaß oder ein negatives Schuldanerkenntnis enthalten kann.[2] Die Diskussion um die von O. Bähr entwickelte Lehre vom Anerkenntnis als Verpflichtungsgrund ist für diesen Teilbereich mit der Annahme eines möglichen, aber nicht regelmäßig in der Quittung vorliegenden Schuldanerkenntnisses weitgehend zum Stillstand gekommen.[3]

Das römische Recht kennt als Quittung die *apocha*, sie ist reines Beweismittel für die Zahlung der Schuld;[4] die Quellen setzen sie der *acceptilatio* entgegen, die den Erlöschungsgrund der Verbalobligationen bildet.[5] Ein Schuld-

---

[5] *Ptol. Zeit:* Amh. II 42; Grenf. II 19; Petr. II 47 (?); Rein. 12, 13, 25, 27.
Röm. Zeit: Amh. II 110, 111; BGU II 472 II, IV 1167, XI 2047; Fouad I 57; Lond. II 142 (S. 203); Mich. III 194; Mil. Vogl. III 158, IV 225; Princ. III 141; PSI III 198, VI 714; Ryl. II 174 a; Stud. Pal. XXII 172 = CPR I 14.

[6] S. o. S. 43.

[1] § 368 BGB; Enneccerus-Lehmann, Schuldrecht, 15. Aufl., § 64 I; Larenz, Schuldrecht AT[9] § 26 III; Esser, Schuldrecht AT[3] § 26 V; Soergel-Siebert, 9. Aufl., Rdnr. 3 zu § 368 BGB; Palandt, 27. Aufl., Anm. 1 zu § 368 BGB.

[2] Enneccerus-Lehmann, aaO. § 74 III; Esser, aaO.; Soergel-Siebert, aaO.

[3] Bähr, Die Anerkennung als Verpflichtungsgrund 194 ff., 255 f.; vgl. zum Stand der Diskussion Soergel-Siebert, aaO.

[4] Vgl. nur Solazzi, L'estinzione[2] 122 f.; Kaser, RPR I 532.

[5] S. Solazzi, aaO. 246 ff.

erlaß kann nur in der *acceptilatio*, nicht aber in der *apocha* gefunden werden.[6]

2. Die Ansichten über die Rolle der Quittung im griechischen Recht scheinen stärker auseinanderzugehen.

Mit der Quittung im Rechte der Papyri befaßten sich als erste BEHREND[7] und FRESE.[8] BEHREND sieht die ἀποχή grundsätzlich als Beweisurkunde an (S. 16), dispositive Erklärungen wie die Nichtangriffsklausel (S. 15) und die Übergabe der Schuldurkunde (S. 12) seien nur von nebensächlicher Bedeutung.[9] FRESE sieht die Quittung als dispositive Urkunde, sie wirke abstrakt, unabhängig von der Tilgungscausa (S. 252 f.); Kennzeichen dieser Wirkung sei die Nichtangriffs- und die Kyriaklausel. Beiden Autoren gemeinsam ist die Ansicht von der dispositiven Wirkung der Nichtangriffsklausel, sie unterscheiden sich dagegen in dem Schluß, den sie daraus für die Quittung als Institut ziehen: grundsätzlich Beweisnatur oder grundsätzlich dispositive Natur.

Eine vermittelnde Stellung nimmt SCHWARZ[10] ein. Er sieht die Quittung als bloße Beweisurkunde an, soweit sie nur die Empfangsbestätigung enthält, als dispositiven, von der Tatsache der Leistung unabhängigen Erlöschensgrund jedoch, wenn sie die Nichtangriffsklausel in der umfassenden Form, mitunter auch in ihrer Kurzform enthält (S. 140 ff.). Es wird jedoch nicht deutlich, ob er die Dispositivwirkung auf die Urkunde oder auf die in ihr enthaltenen Erklärungen zurückführen will. Das Schrifttum ist im weiteren Verlauf SCHWARZ – meist ohne nähere Prüfung – gefolgt.[11]

SEIDL sah zunächst die Bedeutung der Quittung noch in einer Art des „spiegelnden Schuldtilgungsgeschäfts" und dementsprechend in einem Rechtsgeschäft,[12] gab diese Ansicht eines materiellrechtlichen Erfüllungsge-

---

[6] D. 46, 4, 19, 1.

[7] Richard BEHREND, Zur Geschichte der Quittung, Berliner Jur. Diss., 1896, 9 ff.; die als Monographie erschienene vollständige Schrift unter dem Titel „Beiträge zur Lehre von der Quittung" war mir nicht zugänglich.

[8] FRESE, SZ 18 (1897) 250 ff.

[9] Seine Auffassung der mit Hypographe ausgestatteten Urkunden als Cheirographa, die durch die auf reicherem Material fußende Urkundenforschung überholt wurde, ist hier ohne Interesse.

[10] Die öffentliche und private Urkunde im römischen Ägypten 102 ff., besonders 103 Anm. 1.

[11] Z. B. WEISS, Griechisches Privatrecht I, 441; TAUBENSCHLAG, Law^2 419 f.; SIMON, Stipulationsklausel 79 f.; SELB, Syr. Röm. Rechtsbuch 140 ff.

[12] RG^1 56.

schäfts dann aber auf und neigte mehr zur Annahme eines beweisrechtlich – prozessual – ausgerichteten Denkens,[13] das nicht auf den materiellen Vorgang des Erlöschens einer Obligation abstellt, sondern nur auf den der Beseitigung eines Beweismittels.

II. 1. Als terminus technicus[14] für die Quittung kennt das griechische Recht nur den Begriff der ἀποχή. Er begegnet erst relativ spät; die Redner bieten keinen Beleg, die Papyri aber schon für das 3. Jahrhundert a. C.[15] Die Verwendung des Begriffs ist vom Typ der Quittung unabhängig, er wird zur Bezeichnung der beiden im folgenden aufgegliederten Formulare verwendet.[16]

Im attischen Recht finden wir nur das Institut der ἄφεσις καὶ ἀπαλλαγή, das in der modernen Literatur als „Entlastungsquittung" aufgefaßt wird;[17] wie noch zu zeigen sein wird, liegt aber zumindest das Schwergewicht auf dem Klageverzicht des Gläubigers, ob und gegebenenfalls wie damit eine Empfangsbestätigung verbunden war, wissen wir nicht. Die Frage stellt sich in voller Schärfe nur bei Urkunden; soweit die Leistung und auch die Erklärung über die ἄφεσις vor Zeugen erfolgte, kann ohne weiteres eine Erklärung über den Empfang vorhergegangen sein. Die moderne Lehre, das klassische griechische Recht habe das Institut der Quittung nicht gekannt,[18] trifft sicher insoweit zu, als ein terminus technicus dafür fehlt und auch ausdrückliche Belege nicht erhalten sind; es erscheint aber nicht unmöglich, daß vom Gläubiger mitunter auch selbständige, schriftliche Empfangsbekenntnisse ausgestellt wurden.[19] In klassischer Zeit scheint das – prozessuale – Moment

---

13 Studi Solazzi (1948) 202: Er entwickelte diese Auffassung ausgehend von demotischen Urkunden und nimmt die Geltung des Prinzips, zwar nicht in so deutlicher Form, auch für das griechische Recht an; RG² 165 f.

14 WOLFF, SZ 70, 1953, 24; SIMON, SZ 82, 1965, 41 Anm. 5.

15 Yale 49 (227 a.), Cair. Zen. II 59144, 3 (III a).

16 Ohne Nichtangriffsklausel: Z. B. Mich. II 121 Ro II 4, BGU I 44, Lond. II 139 a (S. 200), Stud. Pal. XX 105. Mit Nichtangriffsklausel: BGU II 415, III 941, Corn. 45, Tebt. II 396, 397.

17 WOLFF, Paragraphe 53 u. ö.; s. u. S. 96.

18 GERNET, Demosthenes, Plaidoyers civils, ed. Budé Vol. I S. 162 Anm. 1, Vol. 3 S. 140 Anm. 3.

19 Isokr. 17, 29: οὐκ ἐμὲ (Kläger) περὶ τῆς ἀφέσεως, ἀλλὰ τοῦτον (Beklagter) περὶ τῆς ἀποδόσεως τῶν χρημάτων ἔδει τὰς συνθήκας ποιεῖσθαι. In welchem Verhältnis ἀπόδοσις und ἄφεσις stehen, wird nicht klar; es scheint, daß die zwei möglichen Punkte einer Quittung hervorgehoben werden, nur unter rhetorischer Betonung der verschiedenen Standpunkte, oder aber, daß an zwei Urkunden je über die ἄφεσις und ἀπόδοσις gedacht ist.

des Klageverzichts noch das – materielle – des Empfangsbekenntnisses überwogen zu haben.

2. Je nach dem Umfang der Leistung sind für den Bereich der Papyri zwei Typen der Quittung zu unterscheiden:[20]

a) Eine ausführliche Fassung mit: Bestätigung des „Habens", genauer Bezeichnung des Schuldverhältnisses und gegebenenfalls der Akyrosis der Schuldurkunde,[21] Nichtangriffsklausel, mitunter auch einer Straf- und Kyriaklausel;

b) eine kurze Fassung mit: Bestätigung des „Habens" und Bezeichnung des Schuldverhältnisses, häufig auch mit Vorbehalt oder Feststellung eines verbleibenden Restes.

Der Unterschied liegt demnach darin, daß der erste Typ neben der Empfangsbestätigung noch – modern gesprochen – Unterlassungspflichten des Gläubigers enthält, die Strafklausel bezieht sich nur hierauf.

3. Die erste Fassung wird verwendet für die Erbringung der vollen Leistung aus allen Schuldverhältnissen mit Ausnahme von Pacht und Miete, sowie für Restzahlungen. Bei Erbringung des vollen Kopfteils bei einer Mehrheit von Gläubigern oder Schuldnern ist ebenfalls die erste Fassung üblich, jedoch mit der Beschränkung der Nichtangriffsklausel auf den geleisteten Teil und ohne die Akyrosis.[22] In diesen Fällen kann auch – soweit eine Urkunde angeführt wird – von der Gleichwertigkeit der Form von Schuldurkunde und Quittung gesprochen werden.

Die zweite Fassung wird gebraucht für die Quittierung einer Teilleistung bei allen Geschäften, wenn nur ein Gläubiger und ein Schuldner auftreten; eine auf die Teilleistung beschränkte Nichtangriffsklausel ist eine seltene Ausnahme.[23] Ohne Rücksicht auf die Form der Schuldurkunde ist die Quittung zumeist in chirographischer Form gehalten.

Für Pacht und Miete ist die stete Verwendung eines der beiden Typen bei Erbringung der vollen Rate nicht die Regel. Der mögliche zeitliche Bezug zur Feststellung von Teil- und Volleistung – einmal auf die einzelne Rate, zum

---

[20] Zur genaueren Ausgestaltung s. oben 1. Kapitel bei den einzelnen Geschäften.

[21] Hierunter werden im folgenden zur Vereinfachung sowohl die Übergabe εἰς ἀκύρωσιν und die Erklärung über die ἄκυρος-Eigenschaft verstanden, s. u. S. 75 f.

[22] Ausnahme ist BGU VII 1657 (231), die keine Nichtangriffsklausel bringt, aber noch den Vorbehalt des zweiten Kopfteils des zweiten Gesamtschuldners.

[23] Meyer 60 (Darlehenszins), BGU IV 1151 I, VII 1662 (Legate), Ross. Georg. II 35 C 1 ff. (Pachtzins).

anderen auf das ganze Pacht- oder Mietverhältnis – findet in den Quittungen nach unseren Erhebungen[24] nur hinsichtlich der einzelnen Rate sichtbaren Ausdruck; die Quittungen entsprechen dann dem üblichen zweiten Typ. Soweit eine volle Rate erbracht wird, kommen beide Fassungen vor, wobei die Nichtangriffsklausel allerdings sehr häufig auf καὶ οὐδέν σοι ἐγκαλῶ beschränkt und wohl allein auf die jeweils erbrachte Leistung zu beziehen ist.[25] Mit Sicherheit können wir nur selten feststellen, daß das Pachtverhältnis beendet ist,[26] in diesen Fällen kommt auch die Nichtangriffsklausel in ihrer umfassenden Form vor;[27] diese ist aber andererseits auch kein Indiz für das Ende der Pacht.[28]

4. Im Formular der Quittungen ist als Folge der *Constitutio Antoniniana* kein Bruch zu registrieren, der nach den bisherigen Forschungen auch nicht zu erwarten war.[29]

III. Den geschäftstypischen Inhalt der Quittungen im Recht der griechischen Papyri haben wir danach zu sehen in der Empfangsbestätigung einerseits und in der Erklärung über ein Unterlassen weiteren Vorgehens des Gläubigers gegen den Schuldner andererseits. Im folgenden soll zunächst nur auf die Empfangsbestätigung, die Wirkung der Leistungshandlung des Schuldners auf das Schuldverhältnis – wie der wirtschaftliche Sachverhalt vorderhand noch genannt sein soll – und auf die Bedeutung der Urkunde für die in ihr enthaltenen Erklärungen eingegangen werden.

Die Verbindung von Schuldurkunde und Quittung, insbesondere die Akyrosis, sowie Inhalt und Wirkung der Nichtangriffsklausel sind weiter unten (§§ 7, 8) darzustellen.

Eine terminologische Klarstellung erscheint noch angebracht. In der Papyrologie wird seit der Darstellung STEINACKERS[30] die Bezeichnung „dispositiv" nur noch auf die Urkunde bezogen. Eine Urkunde ist dispositiv im weiteren Sinn, wenn sie nur zu den anderen Momenten, die eine Bindungswirkung hervorrufen, hinzutritt, sie ist dispositiv im engeren Sinn, wenn sie

---

24 S. o. S. 30.

25 S. u. S. 98.

26 Aberd. 63, Mich. III 198, Amh. II 87, 105.

27 Mich. III 198, Corn. 45. Anders noch SCHWARZ, Urkunde 141 f.; seine Ansicht ist aber durch das inzwischen edierte Material überholt.

28 S. Mich. III 199, die Pacht soll weiterlaufen; Aberd. 65, Fouad I 56.

29 S. WOLFF, SZ 73 (1956) 1 ff.

30 Grundlagen 13.

selbständig oder als allein entscheidendes Moment die Bindung erzeugt; im ersten Falle bleibt die Urkunde reine Beweisurkunde, nur im zweiten Falle hat sie darüberhinausgehend grundsätzlich materielle Bedeutung.[31] Über die bewußte Unterscheidung beider Typen im griechischen Rechtsdenken ist damit aber noch nichts ausgesagt.

1. Die Frage nach einer möglichen vertraglichen Natur der Erklärungen in der Quittung stellt sich nur für die als Homologie und Synchoresis stilisierten Urkunden; es zeigt sich aber gerade dort die modernen dogmatischen Vorstellungen fremde Natur des Geständnisses.

a) Die subjektive – nicht als Homologie gefaßte – Erklärung des Gläubigers ἀπέχω bringt nur einen schon eingetretenen und auch vollendeten Zustand des „Habens" infolge einer Handlung des Schuldners zum Ausdruck.[32] Eine erst mit der Quittierung abgeschlossene Annahmehandlung des Gläubigers wird damit nicht bezeichnet. Der Gläubiger bestätigt das Ergebnis der Leistung des Schuldners, mehr nicht.

Für die als Homologie und Synchoresis gefaßten Erklärungen des Gläubigers gilt das gleiche. Dort wird durch die Parallele zwischen ἀπέχειν und εἰληφέναι, πεπληρῶσθαι u. a. deutlich, daß der Vorgang der Leistung abgeschlossen und der Zustand des Habens schon eingetreten ist.

Homologie und Synchoresis[33] sind hier nur als Tatsachengeständnis ohne daran geknüpfte „vertragliche Folgen" zu fassen.

b) „Vertragliche" Bedeutung hat aber nach unserer Betrachtungsweise die Vereinbarung der Unterlassung künftiger Angriffe gegen den Schuldner durch den Gläubiger in der Nichtangriffsklausel. Die griechische Betrachtungsweise war jedoch wohl eine andere.

Es wurde schon oben (1. Kapitel) darauf hingewiesen, daß die Nichtangriffsklausel bei einer als Homologie stilisierten Urkunde auch vom ὁμολογεῖν miterfaßt wird. Diese Feststellung ist noch weiter zu präzisieren. In

---

31 S. Darlehen 49 f. mit weiterer Lit. Trotz der Bedenken Wieackers (SZ 79, 1962, 489 Anm. 5) sei dieser Begriff beibehalten.

32 Die linguistischen Streitfragen über die Bedeutung des Verbalaspekts können wir hier beiseite lassen; vgl. nur Mayser, Gr. Gramm. II 2 S. 132, Schwyzer, Gr. Gramm. II 252, 256 ff., 268 Anm. 2 und neuestens Preaux, Chron. d'Eg. 29 (1954) 139 ff.

Zur Statistik sei nachgetragen, daß ἀπέχειν ungefähr gleichhäufig im Präsens und Aorist, ἔχειν doppelt so oft im Aorist als im Präsens verwendet wird. 'Απέχειν in Verbindung mit ὁμολογεῖν: Präsens 4 mal häufiger als im Perfekt, ebenso ἔχειν; ἀπέχειν in Verbindung mit συγχωρεῖν: 3 mal häufiger im Perfekt als im Präsens, ἔχειν kommt in dieser Verbindung nicht vor.

33 S. dazu sogleich im folgenden.

der erweiterten Fassung der römischen Zeit wird die Nichtangriffsklausel bei allen Geschäften nur in Homologie- bzw. Synchoresisform niedergelegt,[34] das gleiche gilt für den Grundtyp in der ptolemäischen Zeit.[35] Ausnahmen sind die kurzen Erklärungen des Gläubigers καὶ οὐδέν σοι ἐγκαλῶ oder μηδένα λόγον ἔχω, die bei den Pachtquittungen bezogen auf einzelne Raten vorkommen.[36]

Die Untersuchungen Wolffs[37] haben wahrscheinlich gemacht, daß im griechischen Recht eine Bindung an eine Erklärung entweder aufgrund eines realen Moments, der sogenannten Zweckverfügung,[38] oder aufgrund einer Homologie eintreten konnte.

Als reales Moment, als „Verfügung" kommt bei der Erfüllung nur die Erbringung und die Annahme der Leistung in Betracht.

Der Gedanke an eine Verfügung des Gläubigers ist den Quellen fremd.[39] Möglich wäre eine Verfügung des Schuldners durch Erbringung der Leistung; die Unterlassung zukünftiger Angriffe gegen ihn durch den Gläubiger könnte dann als Bedingung der Verfügung des Schuldners aufgefaßt werden. Die Argumente gegen diese Sicht erklären gleichzeitig auch die Verwendung der Homologie.[40]

Einmal stellen die Quittungen nicht auf die Erfüllungshandlung des Schuldners und damit nicht auf seine Verfügung ab; die Nichtangriffsklausel erscheint folglich auch nicht als Bedingung einer Verfügung des Schuldners. Zum anderen spricht die Betrachtung des schuldbegründenden Geschäfts als Zweckverfügung dagegen. Die Erbringung der Leistung durch den Schuldner ist die Bedingung der Verfügung, z. B. der Hingabe der Darlehenssumme durch den Darlehensgeber oder der Überlassung des Grundstücks durch den

---

34 Ausnahmen sind nur die beiden relativ späten Cheirographa SB VI 9201 (203) und Stud. Pal. XX 13 Vo (254) (Darlehensrückzahlung bei Gläubiger- oder Schuldnermehrheit). Das im Text Gesagte gilt auch für die anderen Fälle eines Klageverzichts, s. u. S. 96 ff.

35 S. u. S. 97 f.

36 S. u. S. 98, beim Darlehen nur bei der Zinszahlung in Meyer 60 (pt.).

37 SZ 74 (1957) 26 ff.

38 Zu diesem in seiner Allgemeinheit nicht ohne weiteres verständlichen Begriff s. Max Weber, Wirtschaft und Gesellschaft (Studienausgabe 1956) S. 513 ff., der mit „Zweckvertrag" dasselbe zu bezeichnen scheint. Besser ist wohl die Bezeichnung „Verfügung unter Bedingungen", vgl. auch Darlehen 57 Anm. 116.

39 Eine Verfügung über die Forderung durch Annahme der Leistung, wie sie für das moderne Recht vertreten wird, ist ohne weiteres auszuschließen.

40 Die Erscheinung hatte schon Wolff, aaO. 57 Anm. 73 kurz notiert, ohne ihren Gründen nachzugehen.

Verpächter; die Erfüllung durch den Schuldner bedeutet dann nur den Eintritt dieser Bedingung und daraus folgend den Ausschluß des Haftungsfalls. Damit erscheint es ausgeschlossen, die Abgabe der Nichtangriffserklärung durch den Gläubiger als Bedingung nunmehr der Erfüllungshandlung des Schuldners zu fassen.

Zwanglos läßt sich somit auch die durchweg gewählte Homologieform[41] erklären. Veranlaßt durch die Leistung, aber von ihr unabhängig, bringt sie eine als Geständnis gefaßte Erklärung des Gläubigers über sein zukünftiges Verhalten zum Ausdruck (dazu gleich im folgenden).

Die Kurzfassung der Nichtangriffsklausel kann nicht eindeutig beurteilt werden. Einerseits scheint die subjektive, nicht in Homologieform gekleidete Fassung zu einem Konsensualvertrag zu führen, dessen Existenz im griechischen Recht aber durch die neuere Forschung – zu Recht – verneint wird;[42] der Beurteilung als Bedingung einer Zweckverfügung stehen aber andererseits die gerade genannten Bedenken entgegen. Die Frage, worauf hier eine Bindung beruht, wird offen bleiben müssen; zudem ist nicht zu klären, ob in diesen Urkunden ein selbständig wirksamer Klageverzicht erklärt oder ob damit nur der Ausfluß des Empfangs der Leistung genauer artikuliert werden sollte.

Die Homologie und ihr gleichzustellen die Synchoresis sind nun aber nicht als – förmliche – Willenserklärungen zu sehen, die eine Verpflichtung zur Unterlassung bewirken. Die Natur der Homologie als Geständnis[43] knüpft die Wirkung nicht an die Erklärung als solche, sondern nur an das Geständnis einer Tatsache, auch einer zukünftigen Tatsache. Der Gläubiger erklärt sich also über seine zukünftige Nichtvornahme eines Angriffs, dessen Unwirksamkeit – falls er doch erfolgen sollte – schon festgestellt werden kann.[44] Die Synchoresis ist hier entsprechend zu beurteilen;

---

41 Wie die ἄφεσις καὶ ἀπαλλαγή vereinbart wurde, wissen wir nicht, eine Homologie ist aber nicht unwahrscheinlich (PRINGSHEIM, GLS 28). Hib. I 96 = CPJ I 18 (260 a.) ist wohl nur scheinbar eine Ausnahme; die Untersagung des Angriffs (μὴ ἐξέστω ἐγκαλεῖν) ist eine Folge des Vergleichs, der selbst aber mit ὁμολογεῖν gefaßt ist; vgl. eine ähnliche Wendung in Würzb. 6: ὁμολογεῖ μηδὲν ἐγκαλεῖν ... καὶ μὴ ἐξέστω ἐπελθεῖν und ἐν τῇιδε τῆι ὁμολογίαι.

42 S. Darlehen 40 f.

43 S. dazu SCHWARZ, Homologie, Festschr. Zitelmann = JJP 13 (1961) 177 ff., besonders RABEL, SZ 45 (1925) 527 und PARTSCH, Arch. 7 (1924) 273; neuestens PRINGSHEIM, GLS 30 ff., WOLFF, SZ 74 (1957) 53 ff.

44 S. u. S. 99 f.

auch sie scheint in ihrem materiellen Inhalt als Anerkenntnis einer Tatsache gefaßt zu sein.[45]

Die Nichtangriffsklausel ist damit wohl zu fassen als ein Geständnis des Gläubigers über die zukünftige Tatsache eines Nichtangriffs, das seine bindende Kraft aus der Homologie bzw. der Synchoresis bezieht; der Gedanke des Versprechens liegt ihm nicht zugrunde.

2. Hinweise auf die Wirkung der Erbringung der Leistung auf das „Schuldverhältnis" gibt zunächst das Formular der Schuldurkunden.[46]

a) Der Schuldner hat die Leistung zu einem bestimmten Zeitpunkt zu erbringen, falls dies nicht geschieht, ist ein bestimmter Wert – in Geld oder Naturalien – verwirkt, für dessen Beitreibung je nach der Geschäftsart dem Gläubiger eine δίκη zusteht oder eine πρᾶξις eingeräumt wird.[47] Das Wirksamwerden der Strafklausel ist nur durch die Nichterbringung der Leistung – ohne Rücksicht auf ein Verschulden des Schuldners – bedingt, es liegt eine reine Erfolgshaftung vor.[48] Die Leistung als solche ist in ptolemäischer Zeit nicht erzwingbar, sondern nur zur Vermeidung der Vollstreckung erforderlich. In römischer Zeit wandelt sich das Bild insofern, als die Strafklausel allmählich verschwindet,[49] so daß als Gegenstand der πρᾶξις die vereinbarte

---

45 Die Grenzen sind fließend; s. mit Lit. PRINGSHEIM, GLS 32 ff.; zur Herkunft aus dem gerichtlichen Vergleich einerseits KUNKEL, SZ 53 (1933) 512 und andererseits SCHUBART, Arch. 5 (1913) 47 ff.

46 Zu den Modalitäten s. WEBER, Untersuchungen zum graeco-aegyptischen Obligationenrecht; Modalitäten der Leistung im Rechte der Papyri.

47 Die Strafklausel hatte ursprünglich die Funktion eines Lösegelds für die Ablösung eines dem Gläubiger durch die Nichterfüllung erwachsenen Racherechts, sie wandelte sich dann wohl zur einverständlichen Festsetzung der Urteilssumme, zu deren Beitreibung die Vollstreckung zugelassen wurde; die Strafsumme wurde vom Mittel einer Vermeidung der Rache zum Gegenstand der Vollstreckung (vgl. hierzu WOLFF, Beiträge 113; Darlehen S. 114 ff.).

Die *Praxis* ist für einige Geschäfte typisch, wie Darlehen, Depositum, Eheverträge; sie fehlt häufig in Geschäften, für die eine δίκη anzunehmen ist, so vor allem bei der μίσθωσις. Zum Vorkommen der Praxisklausel s. noch u. S. 102.

48 S. Darlehen 94, BERGER, Strafklausel 75; WEBER, OR 140.

49 Eine Durchsicht des Materials ergab, daß die Strafklausel in folgenden Fällen fehlt – ausgedrückt in Bruchteilen des erhaltenen Urkundenmaterials –:

	ptol. Zeit	I.	II.	III. Jh.
a) Darlehen	nie	1/3	4/5	2/3
b) Depositum	–	1/3	über 1/2	1/3
c) Arbeits- / Dienstverträge	nie	1/3	1/2	stets
d) Pacht / Miete	1/3	1/3	2/3	3/4
e) Eheverträge	nie	nie	2/3	stets

Leistung selbst erscheint. Soweit erkennbar, liegt dem aber nicht die Ausbildung eines obligatorischen Anspruchs zugrunde; eine Parallelentwicklung in den anderen Urkunden, insbesondere in den Quittungen, läßt sich nicht feststellen.

Dem entspricht das Formular der Quittungen, die nur auf den Empfang der Leistung durch den Gläubiger abstellen und nicht auf die Leistungshandlung des Schuldners als vorhergehenden Erfüllungsakt. Das wird besonders deutlich in einigen Grenfell-Papyri, die seltene Ausnahmen geblieben sind. Die Protokolle stellen zunächst die Leistungshandlung des Schuldners fest; dies scheint aber nicht genügt zu haben, denn daran schließt sich die übliche Quittierung des Gläubigers mit Bestätigung des Empfangs und Nichtangriffsklausel an.[50]

Neben den überwiegend gebrauchten Ausdrücken ἀπέχειν und ἔχειν finden wir nur noch – wenige – Belege für die Annahmehandlung des Gläubigers, wie λαμβάνειν und μετρῆσθαι, sie bezeichnen allein den tatsächlichen Akt des „Nehmens". Auch πληροῦσθαι, vom Gläubiger gebraucht, ist nicht anders aufzufassen, es bringt nicht die Erfüllung eines Schuldverhältnisses zum Ausdruck, sondern nur das rechnerische „Auffüllen" einer Leistung.[51] [52]

Schuldurkunde und Quittung entsprechen sich also insoweit, als sie das Gewicht auf den Leistungserfolg und nicht auf eine Leistung und Annahme als Erfüllung legen.[53]

Teilleistungen scheinen sich in dieses Bild nicht zu fügen. Eine Strafklausel wird ihrem Wortlaut nach wirksam, wenn nicht vollständig bei Fälligkeit

50 S. o. § 1 Anm. 16. Die Homologie wird als ausdrücklich im Amt abgegeben bezeichnet, aber als bei Errichtung der Urkunde schon abgeschlossener Vorgang.

51 Weber, OR 174, allerdings bezogen auf ein „Schuldverhältnis".

52 Die Nennung des Schuldbetrags war zur Erfüllung nicht nötig; es genügte irgendeine Art der Bestimmung des Umfangs. Zum Streit um das Prinzip der notwendigen Entgeltlichkeit tragen die Quittungen damit nichts bei, s. Seidl, Ptol. RG^2 114.

53 Für eine Konstruktion der Erfüllung als Rechtsgeschäft ist hier wohl kein Platz; das Ganze scheint eher unserer Theorie der realen Leistungshandlung zu entsprechen (vgl. nur Esser, Schuldrecht AT^3 § 46 I 2). Ebensowenig scheint die Frage, ob die Erfüllungshandlung rechtsgeschäftlichen Charakter – z. B. Übereignung der geschuldeten Sache – haben kann, griechischem Rechtsdenken zu entsprechen. Nach griechischer Vorstellung gehörte kreditiertes Gut noch dem Gläubiger (vgl. hierzu Wolff, SZ 74, 1957, 49 ff.; Simon, SZ 82, 1965, 48 ff. zum Darlehen und Depositum; zur Mitgift s. Häge, Ehegüterrechtliche Verhältnisse 92); entsprechendes gilt für die Pacht, der Verpächter hatte noch ein „dingliches" Recht an den Früchten (vgl. D. Behrend, Pachturkunden 137 ff.). Hier könnte die Auffassung Ermans (Arch. 1, 1901, 77 ff.), ἀπέχειν bezeichne ein „Zurückbekommen", ihre Berechtigung finden.

gezahlt wird. Teilleistungen waren aber gleichwohl möglich – von vereinbarten Raten abgesehen –; die für sie getroffenen Regelungen bestätigen unser Ergebnis. Eine Stundung des Restbetrages geschah in ptolemäischer Zeit durch eine „Novation“ oder genauer durch Neuerrichtung einer Urkunde in Gestalt des fiktiven Darlehens.[54] Die Strafklausel scheint in ptolemäischer Zeit schon Variationsmöglichkeiten geboten zu haben, indem sie bei Naturalleistungen die Anrechnung eines Teils nicht ausschloß;[55] in römischer Zeit begegnet dann auch eine ausdrückliche Fassung dieser Art,[56] die alternativ auf den Rest oder die ganze Summe abstellte.[57] Ausdrückliche Belege unter den Quittungen für die Leistung eines noch verbliebenen Restes haben wir denn auch erst in römischer Zeit,[58] die Quittierung erfolgte in gleicher Weise wie bei der vollen Leistung. Als Teilleistungen in diesem Sinne aber sind offensichtlich die Fälle der Zahlung eines Kopfteils bei einer Mehrheit von Gläubigern oder Schuldnern aufgrund Erbfalls nicht anzusehen; es tritt Einzelhaftung und -berechtigung des Erben ein.[59] Bei der Gesamtschuld des griechischen Rechts erlauben die erhaltenen Quittungen keine Schlußfolgerung, da eine entsprechende Vereinbarung von Schuldner und Gläubiger bei Leistung nicht auszuschließen ist.[60]

b) Die Erbringung der Leistung hindert allein den Eintritt der Haftung;[61] so scheint das „Erlöschen der Obligation“ im griechischen Recht zu fassen zu sein. Dieses Ergebnis beruht auf der im griechischen Recht noch nicht eingetretenen Scheidung von Schuld und Haftung, das Denken bewegt sich noch

---

54 S. Darlehen 120 ff. Man wird aber das Problem des fiktiven Darlehens nicht auf die Frage der Wahl eines Urkundenformulars beschränken dürfen, da dieses nicht abstrakt gefaßt war, sondern stets auf eine reale Darlehensauszahlung des Gläubigers Bezug nimmt (anders MODRZEJEWSKI, SZ 85, 1968, 450). S. auch noch aus römischer Zeit BGU IV 1134, 1149, 1151 I.

55 Darlehen 93.

56 Darlehen 93 und BERGER, Strafklausel 74.

57 Z. B.: BGU IV 1053 Z. 35: τὸ ὅλον κεφάλαιον ἢ τὸ ἐν ὀφιλῆι θησόμενον σὺν ἡμιολίαι κτλ.

58 *Darlehen:* BGU IV 1135 (10 a.), Amh. II 112 (128), 113 (157), Stud. Pal. XXII 45 (166), SB VI 9619 (184); *Depositum:* PSI VIII 921 (143); *Mitgift:* Fam. Tebt. 21 (122); *Ammenlohn:* BGU I 297 (50), Tebt. II 399 (II); *Pacht:* BGU VII 1660 (41), PSI I 82 (65), SB VIII 9881 (315). Sorb. I 14 (266 a.) ist sehr zerstört.

59 KRELLER, Erbrechtliche Untersuchungen 50 ff.

60 S. hierzu neuestens mit reicher Lit. CANTARELLA, Fideiiussione reciproca 99 ff., dagegen WOLFF, SZ 84 (1967) 491 f.

61 S. WOLFF, Paragraphe 93 Anm. 15.

in haftungsrechtlichen, prozessualen Kategorien;[62] dies ändert sich anscheinend auch nicht, als die Praxis für die Leistung selbst vereinbart wird.[63]

Über das Erbringen und den Empfang der Leistung hinaus scheinen weitere Akte nicht nötig gewesen zu sein. SCHWARZ hat darauf hingewiesen, daß in den Quellen von einer Quittierung des Gläubigers als Voraussetzung für das Erlöschen des Schuldverhältnisses nicht die Rede ist.[64] Dem ist nach dem Gesagten auch aufgrund des neuedierten Materials mit der Einschränkung zuzustimmen, daß vertragliche Festsetzungen über die Erbringung der Leistung und die Bestätigung ihres Empfangs ebensowenig wie genaue Regelungen über die Modalitäten der Leistung schon zwangsläufig zur Annahme eines modernen dogmatischen Vorstellungen entsprechenden Schuldverhältnisses führen müssen;[65] technische Regelungen dieser Art sind auf einer früheren Stufe der Entwicklung, auf der noch nicht zwischen Schuld und Haftung getrennt wird, ebenso sinnvoll. Die Akyrosis der Schuldurkunde ist in diesem Zusammenhang wohl nicht von wesentlicher Bedeutung gewesen, die griechische Auffassung blieb aber nicht wie die ägyptische bei nur beweisrechtlichen Kriterien stehen.[66] Die ἄφεσις καὶ ἀπαλλαγή des attischen Rechts und die Nichtangriffsklausel der Papyri sind nur Erklärungen des Gläubigers aus Anlaß des Leistungsempfangs; ob dieser wirklich geschah oder nur fingiert wurde, ist gleichgültig. In der uns vorliegenden Gestalt sind beide Erklärungen aber wohl allein als Klageverzicht, nicht als Lösung einer nur latent gegebenen noch nicht in Wirksamkeit getretenen Haftung zu fassen.[67]

---

62 Von der Wirkung her ergibt sich zwar kein Unterschied zu der in der Literatur bislang vertretenen, an modernrechtlichen Vorstellungen haftenden Anschauung eines Erlöschens der Obligation: die „geschuldete" Leistung kann nicht mehr verlangt werden, die Erfüllung hindert den Eintritt der Haftung. Entscheidend scheint mir jedoch zu sein, daß die Quittungen keinen Hinweis auf eine Scheidung zwischen Schuld und Haftung geben und sich damit voll in das bislang aus den Urkunden über die Geschäftsbegründung entwickelte Bild einfügen. Vgl. grundlegend WOLFF, Beiträge 112 ff., Studi Koschaker II 412 f., Eranion Maridakis I 102, zuletzt in Festschrift Fritz von Hippel 696. Zu Schuld und Haftung s. auch KUNKEL, RPR 61 Anm. 2, KASER RPR I 138, WIEACKER, Festschrift Nipperdey I 784, s. auch Darlehen 114 f. Noch in der romanistischen Tradition steht CANTARELLA, Novissimo Digesto Italiano, s. v. obbligazione – diritto greco – 552.

63 S. u. S. 100 ff. zur neuaufkommenden Vorbehaltsklausel.

64 Urkunde 84 ff.

65 So WEBER, OR 4, 193.

66 S. SEIDL, Studi Solazzi 197 ff. und u. S. 85 f.

67 Ob der Praxisunterwerfung des Schuldners ein Verzicht des Gläubigers auf die *Praxis* nach Empfang der Leistung zu entsprechen hat, ist eine bislang noch nicht aufgeworfene Frage. Sie bleibt für die ältere Zeit noch zu untersuchen; ein Formalakt muß

Von etwaigen anderen Formalakten zur Lösung der Haftungslage ist nichts bekannt.[68]

c) Der Begriff der λύσις und ihre Ableitungen ἀπό-, ἐπί-, περί- und διάλυσις deuten noch auf eine „Lösung einer Verstrickung".[69] Auf Pfandrechte bezogen können sie vom Schuldner wie vom Gläubiger gebraucht werden. Im Sinne von „Zahlen" werden λύειν, ἐπι- und περιλύειν vom Schuldner aktiv und medial gebraucht.[70] Hier ist nur auf die Frage einzugehen, ob auch die Quittierung durch den Gläubiger als λύσις gedacht wurde.[71] SCHWARZ stützt seine Ansicht von der dispositiv wirkenden Quittung unter anderem auf die Bezeichnung der Quittung als λύσις, περίλυσις und ἐπίλυσις.

Die Gleichsetzung von Urkunde und Geschäft begegnet in den Papyri nicht nur bei der Quittung, sondern auch bei der μίσθωσις und anderen Geschäften, seltener beim δάνειον. Es wird sich bei den Schuldurkunden nur um eine

---

der Verzicht ebensowenig gewesen sein wie die Einräumung der *Praxis*. Für unsere Zeit ist die Frage wohl zu verneinen (s. u. S. 102 f.). Das aber nicht schon deshalb, weil eine Haftung erst mit der Vereitelung der bei der Zweckverfügung gesetzten Bedingungen eintritt. Schon mit der Entgegennahme des Gegenstandes unter Bedingungen durch den Schuldner wird eine latente Haftungslage begründet, die bei Verletzung einer Bedingung in Wirksamkeit tritt (Darlehen 117). Die anders lautenden Äußerungen von KÜHNERT, Kreditgeschäft 188, HÄGE, Ehegüterrechtliche Verhältnisse 85 und neuestens MEYER-LAURIN, TS 38 (1970) 207, stehen dieser Ansicht vielleicht nur terminologisch entgegen, das ist aber aus dem Zusammenhang der Zitate nicht zu erschließen; s. auch HÄSSLER, Kyriaklausel 15, 38.
WOLFF, Paragraphe 93 Anm. 15 spricht von der „materiell haftungslösenden Wirkung" der Erfüllung, vgl. aber auch SZ 74 (1957) 65.

68 S. für das attische Recht WOLFF, Paragraphe 93; dies gilt gleichfalls für das graeco-aegyptische Recht. Eine Parallele zur Begründung und Auflösung der altrömischen Haftungsgeschäfte (vgl. KASER, RPR I 147 ff., KOSCHAKER, SZ 37, 1916, 354 f.) zu ziehen, ist somit ausgeschlossen.

69 Hier kann nur auf die Belege bei PREISIGKE, WB und bei LIDDELL-SCOTT s. v. verwiesen werden. S. auch SCHWARZ, Urkunde 95 f., 107 ff. Die sonstigen Äußerungen der Literatur sind zwar zahlreich, lassen sich aber dahingehend zusammenfassen, daß die Verba vom erlassenden oder quittierenden Gläubiger, im Medium auch vom zahlenden Schuldner gebraucht werden (vgl. nur PREISIGKE im Komm. zu Hamb. I 1, RABEL, SZ 28, 1907, 394 ff., MITTEIS, Grundzüge 136 ff.).

70 S. nur: Grenf. I 26, II 30, Oxy. IV 745, auch BGU IV 1133 (einen Strohmann durch Zahlung „auslösen").

71 So SCHWARZ, Urkunde 107 ff. Die Bedeutung von λύειν bedarf noch einer genaueren Untersuchung, die allerdings von den älteren Quellen ausgehen müßte und sich nicht auf die Papyri beschränken dürfte. Immerhin spricht die Verwendung von λύσις für unsere Ansicht einer Haftungslage aufgrund der Zweckverfügung schon vor einer Bedingungsvereitelung.

verkürzende Redeweise handeln, die als solche deutlich wird, wenn in der Bezugnahme auf einen geschäftlichen Vorgang zwischen Geschäft und Urkunde getrennt wird.[72] Dies gilt wohl gleichermaßen für die Quittung; περίλυσις und ähnliches können sich dabei auf die Leistung des Schuldners selbst beziehen oder auf die durch die Leistung eintretende περίλυσις des Schuldners.[73] Eine ausdrückliche περίλυσις durch den Gläubiger begegnet außer bei Sachpfändern regelmäßig nicht.[74] Der Verzicht des Gläubigers οὐ μετελεύσομαι εἰς τὴν περίλυσιν τῆς διαγραφῆς[75] ist einmal ein Beispiel für die Gleichsetzung von Schuld und Urkunde, zum andern bezieht er sich auf ein Vorgehen zur Erreichung der περίλυσις durch Zahlung, aber nicht auf eine περίλυσις als Akt des Gläubigers. Soweit von περιλύειν τὴν συγχώρησιν und ähnlichem in Schuldurkunden die Rede ist,[76] kann einmal die schon genannte Gleichsetzung von Urkunde und Geschäft gegeben sein, zum andern ist selbst dann, wenn man mit Schwarz auf urkundsbezogene Quittungen abstellt, noch offen, ob damit die Quittierung als solche oder eine der Klauseln der Quittung gemeint ist. Auch die Belege für ἀπερίλυτος[77] geben keinen Hinweis auf eine dispositiv wirkende Quittung.

---

72 So in der Wendung: ἐδάνεισεν κατὰ συγγραφήν; in der Feststellung ἀπεριλύτους εἶναι τὰς ὀφειλάς (z. B. Ryl. II 115); διὰ τῆσδε τῆς συγγραφῆς σημανθέντων (Ryl. IV 588); für das attische Recht s. nur Dem. 34, 32.

73 BGU IV 1164, 1174; Fior. I 48 im Kontext ὑπὲρ λύσεως ὧν ὀφείλει; Ryl. II 176. Die Belege bei Schwarz, Urkunde 108 Anm. 3 sind wohl nicht mehr als ein Zeichen der Gleichsetzung von Urkunde und Geschäft, hier von Quittung und Zahlung durch den Schuldner, aber nicht von Quittung und „Lösung" des Schuldners durch eine Quittierung des Gläubigers.

74 Die ἄφεσις καὶ ἀπαλλαγή erscheint bei Demosthenes nie mit einer λύσις verbunden.

In BGU IV 1171 liegt eine Aufhebung der Forderungszession vor, der Altgläubiger sagt anscheinend die περίλυσις συγγραφῆς bei Erfüllung zu. Lond. III 1168 (S. 136) ist ein sehr zweifelhafter Fall (zum Sachverhalt s. o. S. 20), Z. 43: ὁπήνικα ἐὰν εἴης περιλύσασα με ὡς καθήκει, legt die Annahme nahe, daß trotz der Bestätigung im Cheirographon selbst der Gläubiger die Summe noch nicht erhalten hatte, die Nichtangriffsklausel scheint durch die noch ausstehende Zahlung bedingt. Dann sind die Z. 18–20 als Anweisung an die Bank auf Annahme der Zahlung zu deuten.

75 Fior. I 48/Giss. I 33; Ryl. II 176; die Wendung εἰς περίλυσιν τῶν ὀφειλομένων χειρογράφων (Stud. Pal. XX 72) ist in sich unsinnig, denn die Cheirographa werden nicht geschuldet.

76 Z. B.: BGU IV 1126 Z. 25 f., BGU IV 1171 Z. 23 f. Vgl. auch Schwarz, Urkunde 111 Anm. 3.

77 S. Preisigke, WB s. v.

Insgesamt scheint der Begriff der λύσις auf die Erbringung der Leistung oder auf die Freigabe des Pfandes zu beziehen zu sein; der schwankende Sprachgebrauch gibt kein sicheres Indiz für die „obligationsauflösende" Kraft der Quittung.

3. Bei der Frage nach der Bedeutung der Quittungsurkunde sind mehrere Punkte zu scheiden.

Die Errichtung einer Urkunde als notwendige Voraussetzung für das „Erlöschen einer schriftlich niedergelegten Obligation" wurde schon oben abgelehnt.[78] Die Beweiskraft der Quittungsurkunde gegenüber der Schuldurkunde ist weiter unten zu behandeln (§ 7).

Hier haben wir noch einzugehen auf die Frage der Beweiswirkung der Quittung für die in ihr enthaltenen Feststellungen und auf das Gleichgewicht der Form von Schuldurkunde und Quittung.

a) Nach den Untersuchungen Hässlers[79] können wir davon ausgehen, daß die öffentliche Urkunde kraft ihrer Natur und die Privaturkunde, soweit sie mit der Kyriaklausel versehen war, unwiderlegbaren Beweis schuf hinsichtlich der in ihr bezeugten Akte; d. h. für die Quittung hinsichtlich der Empfangsbestätigung und der Nichtangriffsklausel, sowie der Erklärung über die ἄκυρος-Eigenschaft der Schuldurkunde. Allerdings genoß ein Teil unserer Urkunden diese Beweiskraft nicht, da nicht alle Privaturkunden mit einer Kyriaklausel versehen waren,[80] der Inhalt der Urkunde konnte also gegebenenfalls widerlegt werden.

Soweit eine Quittung errichtet wurde, ist anzunehmen, daß ihr Dispositivwirkung im weiteren Sinne zukam. Die Frage, ob sie dispositiv im engeren Sinne war, sie also bei Errichtung dann auch das entscheidende Moment war, mündet in die allgemeine Frage nach der Dispositivwirkung der Urkunde im griechischen Recht überhaupt.[81] Äußere Anhaltspunkte für die Dispositiv-

---

78 S. o. S. 69. S. auch Hässler, Kyriaklausel 55 f. und 57, zum Nachweis, daß von Wertpapieren im griechischen Recht nicht gesprochen werden kann, die bei Verlust evtl. einem „Aufgebotsverfahren" zu unterziehen wären.

79 Kyriaklausel 28, 38.

80 Zur Verwendung von öffentlichen Urkunden und Cheirographa s. o. 1. Kap. In diesem Zusammenhang hat wohl auch die Nichtangriffsklausel mit Ausschluß jeder παρεύρεσις nicht eingegriffen, denn hierfür stand eben die Kyriaklausel zur Verfügung. Die Nichtangriffsklausel in der genannten Form schloß wohl ebensowenig die Geltendmachung von Willensmängeln und ähnlichem aus, da ja auch die Nichtangriffsklausel selbst von diesen erfaßt wurde. Anders jeweils Düwel, Παρεύρεσις-Klausel 45 ff.

81 S. hierzu Darlehen 50 ff.

wirkung der Urkunde sind nicht ersichtlich.[82] Die Kyriaklausel, die früher dafür in Anspruch genommen wurde,[83] dient nur der Stärkung der Beweiskraft und die Homologie[84] hat eigene Kraft aufgrund ihrer Natur als – von der Urkunde unabhängiges – Geständnis. Die Gleichsetzung von Urkunde und Geschäft ist nicht nur bei Annahme einer Dispositivurkunde verständlich, sondern auch bei einer Urkunde mit absoluter Beweiskraft. Zwingende und eindeutige Anhaltspunkte anderer Art fehlen ebenfalls. Die Unterscheidung zwischen einer Dispositivurkunde im weiteren Sinne, aber mit absoluter Beweiskraft, und einer Dispositivurkunde im engeren Sinne scheint nicht dem griechischen Rechtsdenken zu entsprechen, sondern eher Frucht moderner Betrachtung zu sein, die als heuristisches Modell nur zur Beschreibung und Verdeutlichung verwendet werden kann. Die in der Literatur bislang gegen die Annahme dieser Unterscheidung für das griechische Rechtsdenken[85] geäußerten Bedenken erscheinen berechtigt. Vor einer endgültigen Entscheidung bleiben aber noch genauere diplomatische Untersuchungen abzuwarten.

b) Die Frage des Gleichgewichts zwischen der Urkundenform von Schuldurkunde und Quittung stellt sich nur dort, wo das Schuldverhältnis anhand der Schuldurkunde spezifiziert wird.[86] Anlaß für die Wahrung des Gleichgewichts ist wohl die Nichtangriffsklausel; für den Beweis der Leistung –

---

[82] Die aus den Quittungen selbst zu ersehenden Gründe für die Errichtung einer Quittungsurkunde helfen nicht weiter; die Wendung πρὸς ἀσφάλειαν als Angabe des Zwecks kommt erst im 4. Jahrhundert auf (BGU III 941, Herm. Rees 37, Stud. Pal. XX 105, Lips. 14) und bezeichnet nur die Funktion der Quittung. Im Edikt des Mamertinus (Fay. 21, a. 134) ist die Begründung für ein schon früher erlassenes und hier nur erwähntes Edikt mit Anordnung einer Quittierungspflicht bei schriftlich niedergelegten Schulden nur die, daß Streitigkeiten vermieden werden sollen; die Anordnung der Ausstellung von Dispositivurkunden ist allerdings von einem Römer auch nicht zu erwarten. Das Edikt sagt weder über den Inhalt der Quittung etwas aus, noch über evtl. Sanktionen für die Nichtbefolgung. Ob damit eine Änderung des bislang bestehenden Rechtszustandes bezweckt war, ist nicht zu ersehen.

[83] Partsch, Gr. BürgschR. I 149 Anm. 6.

[84] S. hierzu Wolff, SZ 74, 1957, 53 ff.

[85] Wolff, Festschr. Taubenschlag (= Eos 48, 1) 365 Anm. 28, Kunkel, RE s. v. συγγραφή Sp. 1383, v. Woess, Urkundenwesen 290, Hässler, Kyriaklausel 20.

[86] Das ist bei der μίσθωσις eine seltene Ausnahme; bei den Belegen aus ptolemäischer Zeit Cair. Zen. III 59362 Vo, Mich. III 193 und in den stark zerstörten Urkunden Hib. II 209, Sorb. I 14 ist eine Nichtangriffsklausel nicht erhalten. Die hier interessierenden Belege aus römischer Zeit bringen zwar eine Nichtangriffsklausel, aber es läßt sich nur bei Fouad I 56, Cair. Goodsp. 27 und Mich. II 121 Ro III 9 eine Gleichwertigkeit feststellen.

siehe die zahlreichen Teilquittungen des zweiten Typs[87] – und für die ἀκύρωσις war es nicht nötig, wie sich aus den Quittungen über die Teilzahlungen bei einer Mehrheit von Gläubigern oder Schuldnern ergibt, die eine Nichtangriffsklausel bringen, aber keine ἀκύρωσις vorsehen.[88]

Über die Gründe der Erscheinung sind nur Spekulationen möglich, die solange Spekulationen bleiben, bis entweder ein Beleg einer gesetzlichen Regelung unter unseren Quellen erscheint oder aber eine Prozeßurkunde, in der dieser Punkt entscheidende Bedeutung hat.

Es könnte an ein „spiegelndes Geschäft" der Aufhebung der Haftungsunterwerfung gedacht werden, dem steht aber entgegen, daß die Schuldurkunden selbst keine Regelung treffen, die den Gläubiger bei Leistung zur Ausstellung einer Urkunde verpflichtet; eine Regelung, die in den demotischen Papyri häufig begegnet.[89] Nach dem Wandel der Nichtangriffsklausel vom beschränkten zum umfassenden Typ[90] wäre dann die Wahl der Schuldurkunde als Bezugspunkt allenfalls aus entwicklungsgeschichtlichen Gründen, so mit dem Beharrungsvermögen eines eingewurzelten Formulars, zu erklären. Der Annahme eines Strebens nach größtmöglicher Beweissicherung durch Wahl eines der Schuldurkunde entsprechenden Typs steht entgegen, daß diese bei der erweiterten Fassung der Nichtangriffsklausel nicht erreicht wird, wenn die Schuldurkunde nur ein Cheirographon ist,[91] daß zudem ein urkundlicher Bezugspunkt bei der Erfassung aller Arten von „Verbindlichkeiten" nicht ersichtlich ist.

Von den Gründen der Übung nur scheinbar unabhängig stellt sich das Problem einer Klassifizierung der Quittung als Dispositivurkunde von neuem. Wenn die Nichtangriffsklausel der Quittung üblicherweise in einer der Schuldurkunde entsprechenden Form niedergelegt wurde, könnte daran gedacht werden, daß dies auch notwendig war und die Nichtangriffsklausel erst mit der Beurkundung Gültigkeit erlangte, die Beurkundung also entscheidendes Moment war. Vom urkundenrechtlichen Standpunkt her bleibt dann aber noch unklar, wann die Wirkung eintritt: mit der Beurkundung oder mit der Aushändigung an den Gläubiger oder an den Schuldner; aus der Urkunde

---

87 S. o. S. 61 f.

88 Ausnahmen von der bislang nur statistischen Regel sind BGU VII 1657, die aber auch keine Nichtangriffsklausel bringt, SB VI 9201 (203), hier vielleicht zu erklären aus der Tatsache, daß noch eine andere Schuld gegen zwei Miterben vorbehalten wird (Sachverhalt s. o. S. 26); vgl. auch die Ausnahmen bei der μίσθωσις, Anm. 86.

89 S. Seidl, Studi Solazzi 197 ff.

90 S. unten S. 97 f.

91 PSI VII 775, Cair. Isid. 94.

selbst ist es nicht zu ersehen. Solange die Gründe des „Gleichgewichts“ nicht aufgeklärt sind, muß die Frage offen bleiben. Gegen eine Notwendigkeit der gleichwertigen Beurkundung spricht aber auch das Vorkommen selbständiger Nichtangriffsverträge ohne Bezug auf Schuldurkunden.[92]

§ 7 *Das Verhältnis von Quittung und Schuldurkunde*

Die Wirkung der Quittungsurkunde im Verhältnis zur Schuldurkunde – von dem „Gleichgewicht“ der Urkundenformen abgesehen – ist zu erschließen einerseits aus der beweisrechtlichen Funktion der Quittung im allgemeinen und andererseits aus der Erwähnung der Schuldurkunde und den sie betreffenden speziellen Klauseln der Quittung. Die Frage haben wir im folgenden etwas ausführlicher zu beleuchten, da sie bislang in der Literatur nur andeutungsweise erörtert wurde und erst in neuester Zeit eine – wohl unzutreffende – Behandlung erfahren hat.[1]

I. 1. Formen

a) Die älteste Form der Verknüpfung von Quittung und Schuldurkunde und für die Papyri wohl auch der Ausgangspunkt der Entwicklung ist die einfache Erwähnung der Schuldurkunde. Sie erfolgt verbunden mit dem Hinweis auf die Begründung der Verbindlichkeit. Die Urkunde wird nach Art, Ort und Zeit der Errichtung bezeichnet. Das ist in ptolemäischer Zeit die einzige Art, in römischer Zeit tritt sie gegenüber den unter b) genannten stark zurück, verschwindet aber nie ganz, ohne Rücksicht auf die Art der Urkunde. Bei den verschiedenen Typen der μίσθωσις haben wir zu trennen: Pachturkunden werden nur in ptolemäischer Zeit – dort überwiegend – genannt, bei Mietverträgen wird die Urkunde zum Teil angeführt, bei den übrigen Arten wird nur auf die Tätigkeit abgestellt, bei der Pacht im übrigen auf die Innehabung.[2]

b) Die ausdrückliche Erklärung über die ἄκυρος-Eigenschaft der Schuldurkunde und ihre Übergabe εἰς ἀθέτησιν καὶ ἀκύρωσιν begegnen erst in römischer Zeit, sie kommen nicht vor bei den verschiedenen Formen der μίσθω-

---

[92] BGU IV 1160 (Cheirographon mit Kyriaklausel), Ryl. II 180 (Cheirographon ohne Kyriaklausel); s. u. S. 102.

[1] Kühnert, Kreditgeschäft 64 ff.

[2] S. genauer dazu o. S. 32.

σις,[3] wobei dies bei dem großen Umfang der Quellen nicht auf Zufälligkeiten der Überlieferung zurückgeführt werden kann, ebensowenig bei der Auszahlung von Legaten. Sie sind beschränkt auf die Fälle der Voll- und Restleistung. Die Urkunde wird auch hier genau bezeichnet, eben als Objekt.

α) Gegenstand der ἄκυρος-Erklärung ist die Schuldurkunde, in der Regel ohne eine nähere Bezeichnung als Ausfertigung, Abschrift oder ähnliches. Es kommen alle Urkundstypen vor, mit Ausnahme der Cheirographa, diese nur bei Verlust der Urkunde. Quittungen in Synchoresisform dagegen enthalten nur diese Form, ohne Rücksicht auf die Art der Schuldurkunde.

β) In der Mehrzahl der Fälle kennzeichnete man in der Erklärung über die ἀθέτησις καὶ ἀκύρωσις die Art der Urkunde nicht näher dahingehend, ob es sich um das Original, eine Ausfertigung oder eine Abschrift handelte.

Bei einem Cheirographon, das der δημοσίωσις nicht unterzogen wurde, stellt sich die Frage nicht, hier wird das Original zurückgegeben. Anders bei den staatsnotariellen Urkunden und den Bankdiagraphai, deren Originale in den τόμος συγκολλήσιμος aufgenommen werden[4] und wo die Parteien, d. h. der Gläubiger eine Ausfertigung erhält: das ἐγδόσιμον oder ἐπίφορον.[5] Nur vereinzelt heben die Quittungen hervor, daß die Ausfertigung übergeben wurde;[6] aber auch wo die Quittungen in dieser Hinsicht schweigen, kann nichts anderes angenommen werden, da das Original der Urkunde im Archiv liegt und nicht herausverlangt werden kann. Besonders deutlich ist Lond. III 1164 b (S. 156), siehe dazu im folgenden. Soweit ein Cheirographon „verlautbart" wurde, erhielten die Parteien nur Abschriften, während das Original im Archiv verblieb, die Lage ist damit die gleiche wie bei den öffentlichen Urkunden. Eine formelle Löschung der δημοσίωσις begegnet nicht und ist ebensowenig erforderlich wie bei den öffentlichen Urkunden.[7]

γ) Die Wendung ἄκυρον εἶναι vertritt deutlich die Stelle, die sonst die Übergabe εἰς ἀκύρωσιν einnimmt. Die Funktionsgleichheit wird in zwei Urkunden deutlich. Lond. III 1164b (S. 156) (212): In der Quittungsdiagraphe wird die Schuldurkunde, ebenfalls eine Diagraphe, für ἄκυρος erklärt,

---

[3] S. o. S. 33.

[4] BOAK, Pap. Mich. II S. 1 ff., WILCKEN, UPZ I 614 ff.

[5] S. Anm. 4, HÄSSLER, Kyriaklausel 61, KÜBLER, SZ 53 (1933) 97; PARTSCH, GGA 1910, 758.

[6] Oxy. II 266, X 1282, III 510; Lond. III 1164 b, g (S. 156, 162); BGU II 394.

[7] Zu der Ansicht MAROIS, die sich auf SB V 7634 gründet, s. schon o. S. 27 und Anm. 122.

die Ausfertigung aber εἰς ἀκύρωσιν übergeben. Diese Fassung ist für die öffentliche Urkunde wohl die korrekteste, sie betrifft die Schuldurkunde sowohl als Original – das im Archiv liegt – wie auch die Ausfertigung – in den Händen des Gläubigers –. Die Übergabe εἰς ἀκύρωσιν kann allein die Ausfertigung erfassen, auch wenn es nicht gesagt wird; die Feststellung der ἄκυρος-Eigenschaft des Originals ist dabei wohl zu unterstellen.

Auf ein nicht „verlautbartes“ Cheirographon nimmt SB VI 9619 (184) Bezug: Die Schuldurkunde war dem Gläubiger in zweifacher Fertigung übergeben worden, ein Exemplar wird εἰς ἀκύρωσιν dem Schuldner übergeben, das zweite war verlorengegangen und wird nun für ἄκυρος erklärt. Die Erklärung über die ἄκυρος-Eigenschaft hat damit für Cheirographa gegenüber der Übergabe nur subsidiäre Bedeutung, sie tritt nur bei Verlust des nicht der δημοσίωσις unterzogenen Cheirographons auf.[8]

2. Zunächst ist noch kurz der Sprachgebrauch und die Bedeutung der Worte ἄκυρος, ἀκύρωσις und ἀθέτησις zu skizzieren, sowie auf die Durchführung der ἀκύρωσις einzugehen.

a) Ἄκυρος bezeichnet den Gegensatz zu κύριος,[9] bedeutet also „unwirksam, kraftlos, wirkungslos“.[10] Auf die Urkunde bezogen „unmaßgeblich, un-

---

[8] S. auch § 1 Anm. 52, 58; § 5 Anm. 8.

[9] S. LIDDELL-SCOTT, GEL s. v. ἄκυρος, s. z. B. auch Dem. 46, 24. 25.

[10] Plato, Leg. IV 715 d: νόμος ἀ.: Das nicht beachtete, wirkungslose Gesetz, XII 954 e: δίκη ἀτελὴς καὶ ἀ.: kraftloses und unwirksames Urteil.

Belege bei Demosthenes: 33, 30: Eine Homologie ist wirkungslos, da die sie beweisende Urkunde verschwunden ist; 37, 60 und 38, 22: Gegensatz von ἰσχύειν καὶ μένειν – im Sinne von Kraft haben und Bestehen – zu ἄκυρον εἶναι – wirkungslos sein –; 39, 21: Als Sohn Akte des verstorbenen Vaters unwirksam machen; 42, 13: Maßgeblichkeit oder Unmaßgeblichkeit eines gesetzlich oder vertraglich festgesetzten Termins; 46, 24. 25: Ob ἡ διαθήκη κυρία bleibt oder ἄκυρος wird, hängt vom Tode der Kinder ab, hier ist nur die Bedeutung wirksam und unwirksam möglich; 47, 18: ἄκυρον ποιεῖν von Urteilen, Volksbeschlüssen und Gesetzen, d. h. sie wirkungslos machen; ähnlich 59, 112. 113.

Belege aus dem papyrologischen Material: s. zunächst die unten (S. 99) behandelte Klausel, wonach ein entgegen einer Vereinbarung vorgenommener Angriff ἄκυρος sein soll. Aus der Fülle des Materials seien nur einige Beispiele herausgegriffen, im übrigen kann auf PREISIGKE, WB s. v. verwiesen werden. Z. B. Oxy. IX 1203 (I): Wirkungslosigkeit von unrechtmäßigen Handlungen, ebenso Mich. V 350 (37) ἀ. und ἀπρόσδεκτος, d. h. wirkungslos und abweisbar; UPZ I 112 V Z. 14 (203 a.): Zahlungen für Steuerpachten sind nur dann wirksam, wenn sie vom zuständigen Trapeziten bestätigt werden.

wirksam",[11] entsprechend der von HÄSSLER im Anschluß an WOLFF[12] nachgewiesenen Bedeutung von κύριος als „maßgeblich". Insgesamt gesehen, scheint ἄκυρος in rechtlich erheblichen Zusammenhängen weniger die Ungültigkeit eines Aktes auszudrücken als vielmehr dessen bloße Wirkungslosigkeit, d. h. es bezeichnet wohl nur die Rechtsfolge. Die Substantiva ἀκύρωσις und ἀθέτησις sind durch das Suffix -σις als nomina actionis charakterisiert.[13] Die Bedeutung von ἀκύρωσις von „außer Kraft Setzen, Herbeiführung der Unmaßgeblichkeit" ist nicht weiter problematisch. Schwieriger erscheint es, die Bedeutung von ἀθέτησις festzustellen; es handelt sich um eine jüngere Wortschöpfung,[14] die nach den Lexika und Stephanus (s. h. v.) erst für die Septuaginta und die Späteren bezeugt ist. Das Verbum ἀθετεῖν begegnet zuerst bei Polybios in der Bedeutung „beiseitesetzen, einen Vertrag brechen"[15] und in den Papyri für „listenmäßig tilgen" (Tebt. I 74, 59; 75,77 – 114/112 a. C.). Später bezeichnet es geradezu den Gegensatz zu vertragsgetreuem Verhalten.[16] Ἀθέτησις kann danach wohl gefaßt werden in einem allgemeineren Sinne als „(einseitige Außerkraftsetzung =) Vertragsverletzung" und „einverständliche Außerkraftsetzung", auf die Ur-

---

[11] PARTSCH, GGA 1910, 750 Anm. 1, Festschr. Lenel 178 Anm. 1; TAUBENSCHLAG, SZ 54 (1934) 139 Anm. 6, 142 f.; WILCKEN, UPZ I 600 f.; HÄSSLER, Kyriaklausel 24, 28 Anm. 133.

Neben den zahlreichen Belegstellen bei PREISIGKE, WB s. v. s. die folgenden Wendungen, in denen die Bedeutung von ἀ. in diesem Zusammenhang besonders deutlich wird: Den Ausgangspunkt bildete UPZ II 162 IV 13–15; die Frage der Wirksamkeit von demotischen Verträgen, die nicht der ἀναγραφή unterzogen worden waren. S. auch Hesych, s. v. ἀκυρῶσαι: ... καταργῆσαι, also „außer Wirksamkeit setzen".

Alex. 13 (III): Vermerk auf einer Zahlungsanweisung, daß eine früher erteilte, nun verlorene Anweisung nicht mehr verwendbar sei. BGU VII 1574 (176): ein Schuldner erklärt, ein διαστόλικον des Gläubigers sei kraftlos und zum Wegwerfen; ähnlich Grenf. II 71 (244): ein Cheirographon soll ἀ. (kraftlos), ἐκβόλιμος (zum Wegwerfen) sein und keine Kraft mehr haben.

[12] HÄSSLER, Kyriaklausel 38 f., WOLFF, SZ 74 (1957) 37, Festschr. Taubenschlag (= Eos 48, 1) 365.

[13] SCHWYZER, Gr. Gramm. I S. 504.

[14] Vgl. auch Lex. Seguer. 79, 31 (BEKKER, Anecd. gr. I): ἀθετεῖν φασὶν οὐ δεῖν λέγειν, ἀλλ'ἀναιρεῖν. κτλ.

[15] Polyb. 12, 14, 6; 15, 1, 9; 15, 17, 3; 30, 3, 7; 31, 10, 1.

[16] Mich. III 186 Z. 19 (72), 187 Z. 18 f. (75); Oslo II 31 Z. 20 ff. (150?); Dura 18 Z. 27 (87), 17 B Z. 16 (180); PSI XII 1263 Z. 10 f. (166); SB VI 8974 fr. 3 Z. 30 f. (I a.).

kunde bezogen „Beseitigung, Außerkraftsetzung".[17] Ἀκύρωσις und ἀθέτησις bezeichnen damit beide die Außerkraftsetzung der Urkunde. Wobei ἀθέτησις mehr den tatsächlichen Vorgang der Beseitigung trifft, es kann bezogen werden auf den Schuldner, der die Urkunde seinem Archiv einverleibt, wie auch auf den Gläubiger, der die Urkunde beseitigt, weggibt, wohl indem er sie dem Schuldner gibt.[18]

b) Die Formel ἀναδιδόναι εἰς ἀκύρωσιν καὶ ἀθέτησιν ist in sich nicht klar, sie weckt fast mehr Zweifel als sie behebt.

Der Wortlaut „übergeben zum Zwecke der Außerkraftsetzung und Beseitigung (der Urkunde)" kann einerseits auf einen noch vom Schuldner herbeizuführenden Erfolg bezogen werden und andererseits auch schon das mit der Übergabe erreichte Ergebnis der Außerkraftsetzung ausdrücken; εἰς kann beides bedeuten.[19]

Einige Quittungen konkretisieren den Fall etwas: ἀναδέδωκεν (der Gläubiger) κεχιασμένον εἰς ἀκύρωσιν, d. h. die Schuldurkunde wurde durchstrichen εἰς ἀκύρωσιν übergeben.[20] Daraus ließe sich der Schluß ziehen, daß mit der erfolgten Durchstreichung die Urkunde nicht mehr verwendbar und daß sie mit der Übergabe kraftlos sei, so daß Durchstreichung und Übergabe gemeinsam die ἀκύρωσις bewirken. Dagegen wiederum spricht Yale 65: ἀναδέδωκα κεχιασμένον καὶ ἠκυρωμένον, wonach das Cheirographon schon vor der Übergabe, aber wohl kaum durch die Durchstreichung kraftlos ist.[21] Das Bild wird vollends verwirrt durch SB V 7634: δι'ἧς (sc. ἀποχῆς) ἠκύρωσεν τὸ ... χειρόγραφον, der Schuldschein wurde durch die Quittung ἄκυρος; die Wendung läßt jedoch offen, wie dies geschah: durch die genannte Klausel, durch die ἄκυρος-Erklärung oder auch nur durch die einfache Erwäh-

---

[17] Suidas erklärt ἀ. geradezu mit ἐκβολή „auswerfen, wegwerfen" (s. v. ἀθέτησις). S. auch Preisigke, WB s. v., Welles, SZ 56 (1936) 115 Anm. 2.

[18] Mit dieser Einschränkung richtig Preisigke, Girowesen 216, der ἀ. als die tatsächliche „Beiseitelegung" der Urkunde auffaßt. Vgl. Rein. 7 Z. 14 = MChr. 16 (141 a.): προσεδρεύοντος (Schuldner) τῆι τοῦ χειρογράφου ἀθετήσει, mehr als ein Drängen des Schuldners auf ἀ. läßt sich hieraus nicht entnehmen; zu Schwarz, Urkunde 117, 124 f., der ἀ. mit der Quittungserteilung gleichstellen will, s. unten Anm. 24.

[19] Schwyzer, Gr. Gramm. II 460.

[20] Oxy. II 266, X 1282; SB VIII 9765; Vars. 10.

[21] S. auch Fior. I 61 = MChr. 80 Z. 65; die Entscheidung des Magistrats nach Feststellung der Verjährung der aufgrund eines vor 40 Jahren ausgestellten Cheirographons geltend gemachten Forderung lautet auf ἐκέλευσε χιασθῆναι. Wir werden in der Annahme nicht fehlgehen, daß mit der Durchstreichung eine weitere Verwendung der Urkunde ausgeschlossen sein sollte.

nung der Schuldurkunde in der Quittung.[22][23] Die funktionsgleiche Klausel ἄκυρον εἶναι stellt nur die ἄκυρος-Eigenschaft der Schuldurkunde fest, bewirkt sie aber nicht (s. dazu u. S. 91), entscheidet die Frage also auch nicht.

Aus den genannten Wendungen ergibt sich zunächst einmal, daß auf eine Handlung des Schuldners nicht abgestellt wird. Auch sonst ist von einem Akt des Schuldners mit dem Ziel der Außerkraftsetzung nach Leistung und Übergabe der Urkunde nichts bekannt.[24] Die Klausel hat danach wohl die zweite der möglichen Bedeutungen: mit der Übergabe ist die ἀκύρωσις bewirkt. Ob zur Bewirkung der ἀκύρωσις noch eine Durchstreichung der Urkunde hinzukommen mußte, läßt sich nicht sicher sagen, ist aber nicht recht wahrscheinlich. Ein notwendiger Akt des Schuldners ist sie nicht, vom Gläubiger kann sie vorgenommen werden; auf der Urheberschaft des χιασμός zu beharren, erscheint jedoch müßig. Zahlreiche Fälle von durchstrichenen Urkunden sind erhalten,[25] keine läßt aber den Handelnden erkennen. Die Bedeutung lag in der Unbrauchbarmachung der Urkunde und diese ist nur ein Indiz für die Wirkungslosigkeit der Urkunde, nicht ihre Voraussetzung, er-

---

22 Die Auffassung KÜHNERTS, Kreditgeschäft 66, hier zeige sich, daß auch die Quittung die ἀκύρωσις bewirken kann, ist richtig, besagt aber nichts darüber, wie sie vor sich geht, zumal die Quittungen ja verschiedene Möglichkeiten bieten.

23 Die Fälle des Testamentswiderrufs oder des Vorbehalts eines Widerrufs im Testament geben nichts her, da dort nur von ἀναλαβεῖν εἰς ἀκύρωσιν, ἀκυροῦν oder ἄγειν εἰς ἀκύρωσιν die Rede ist, ohne nähere Angaben. Interessant ist nur, daß die Rückgabe allein wohl schon die ἀκύρωσις bewirkt; daß nur auf den Testator abgestellt wird, beruht auf der natürlichen Eigenart des Widerrufs.

Bestätigung der Aushändigung durch die Hinterlegungsstelle: Oxy. I 107 (123), SB VIII 9766 (117–138); P. bibl. univ. Giss. Inv. Nr. 311 (Chron. d'Eg. 42, 1967, 361) (148?) mit dem Hinweis: βουλόμενος (der Testator) ἀκυροῦν. Vorbehalt im Testament: Oxy. III 490–492, 495, BGU VII 1654. Zum Verfahren s. KRELLER, Erbrechtliche Untersuchungen 390 ff., SAMUEL, JJP 13 (1961) 39 ff., SIJPESTEIN, Chron. d'Eg. 42 (1967) 360 ff.

24 S. o. § 1 Anm. 122 zu SB V 7634. Der Antrag des Schuldners in Rein. 7 = MChr. 16 (141 a.), die Schuldurkunde ἄκυρον κατασσταθῆναι wird begründet mit dem Hinweis auf die schon erbrachte Leistung, der Gläubiger weigere sich aber, die Urkunde herauszugeben und verlange nochmals Zahlung. Damit liegt ein anderer Fall als hier vor, wo dem Schuldner die Urkunde übergeben wird. Wie die Schuldurkunde aber ἄκυρος gemacht werden sollte, ist nicht zu ersehen. Auf jeden Fall ist darunter keine Quittungserteilung zu verstehen, denn dann wäre ein darauf gerichteter Antrag zu erwarten gewesen; denkbar erscheint eine zwangsweise Einziehung, Vernichtung oder auch Kraftloserklärung durch Urteil (s. oben Anm. 18).

25 Eine Durchstreichung mag häufig erfolgt sein, eine Liste aller bekannten Fälle kann hier aber nicht gegeben werden. Als Beispiele seien angeführt: BGU XI 2046, Fior. I 49, Mil. 4, PSI VIII 875, Oxy. II 267, XIV 1713, Ryl. IV 601.

klärt aber andererseits auch das häufige Vorkommen. Die genannten Wendungen geben noch Anlaß zu einer Präzisierung: Es ist nicht auszuschließen, daß eine Urkunde schon vor ihrer Übergabe ἄκυρος ist, sie aber trotzdem zur ἀκύρωσις übergeben wird;[26] danach wäre der Sinn wohl dahingehend zu fassen, daß spätestens mit der Übergabe die Außerkraftsetzung bewirkt ist.

Auch soweit ein ausdrücklicher Hinweis auf eine Übergabe zur ἀκύρωσις in der Quittung fehlt, ist die Urkunde übergeben und häufig durchstrichen worden (vgl. Oxy. II 306, 318; Mich. III 191/192, 194; BGU XI 2043, Stud. Pal. XXII 45; s. o. S. 20 f.); die Übergabe ist also nicht an diese Klausel gebunden.

Ein System fester Regeln über die Außerkraftsetzung einer Urkunde können wir danach nicht annehmen,[27] vielmehr werden in den Urkunden die einzelnen Momente unterschiedlich betont, die nicht notwendig ineinandergreifen, sondern nebeneinander bestehen können.[28]

3. Übergabe der Schuldurkunde.

a) Die Übergabe der Schuldurkunde an den Schuldner nach Erbringung der Leistung war schon in ptolemäischer Zeit üblich.[29] Die privatschriftlichen Urkunden konnten dem Schuldner im Original, die öffentlichen nur als Ausfertigung übergeben werden.[30]

Ob der Schuldner geradezu einen Anspruch – gleich welcher Natur und Strukturierung – auf die Aushändigung hatte, können wir nicht sicher feststellen.[31]

---

26 S. o. S. 79 und u. S. 91.

27 Hierzu besteht in der Literatur eine gewisse Neigung, vgl. KÜHNERT, Kreditgeschäft 64 ff., BÖHM, P. Vars. 10, S. 55 ff.; PREISIGKE, Girowesen 216, 514.

28 Vgl. auch GERSTINGER, Studi Calderini-Paribeni II 299, Anm. zu Z. 12; FREUNDT, Wertpapiere II 162.

29 Für die ptolemäische Zeit s. nur das Archiv des Dionysios in P. Rein. und SB VI 9405 (§ 1 Anm. 45). Für die römische Zeit genügt eine Verweisung auf die o. S. 20 bis S. 22 genannten Urkunden.

30 Zum Verhältnis von Original, Ausfertigung und Kopie s. KÜBLER, SZ 53 (1933) 64 ff.

31 In den Inschriften wird die Rückgabe manchmal für den Fall der Zahlung ausdrücklich festgesetzt, s. unten Anm. 42.
Zur Regelung des römischen Rechts vgl. KASER, RPR II 307 Anm. 24, TAUBENSCHLAG, RPR zur Zeit Diocletians 261 f. Gegen die Echtheit der sogen. *condictio cautionis* bestehen wohl keine Bedenken, s. SCHWARZ, Condictio 270 f., SOLAZZI, L'estinzione I² 127 ff.

Der Wortlaut der Quittungen ergibt nichts; das übliche Verbum ἀναδιδόναι bezeichnet nur ganz allgemein das „Übergeben“, ebenso wie auch das „Einreichen“ bei einer Behörde.[32] Fälle einer Klage auf Herausgabe der Urkunde nach Leistung sind nicht erhalten;[33] das mag daran liegen, daß der Schuldner überhaupt nur gegen Herausgabe der Urkunde leistete.[34] Die stete Übung deutet jedoch wohl auf einen Anspruch.

b) Der Übergabe an den Schuldner entspricht im attischen Recht die ἀναίρεσις der Urkunde.[35] Es handelt sich zunächst nur um das „Wegnehmen“ der Urkunde vom Verwahrer, in der Regel wohl durch beide Vertragspartner.[36] Was dann mit der Urkunde geschah, darüber ist keine Nachricht erhalten. Eine zusätzliche Erklärung über die ἄκυρος-Eigenschaft der Urkunde in einem evtl. Empfangsbekenntnis oder in der ἄφεσις καὶ ἀπαλλαγή[37] ist

---

[32] S. Preisigke, WB s. v. Die Ansicht Häges, Ehegüterrechtliche Verhältnisse 59 Anm. 3 ἀνακομίζεσθαι bedeute in erster Linie das Wiedererlangen der vom Schuldner ausgestellten Urkunde, wird schon durch die Belege bei Preisigke, WB s. v. widerlegt; soweit es auf die Schuldurkunde zu beziehen ist, bedeutet es allerdings ein „Wiedererlangen“. In den Quittungen wird es sehr selten verwendet, mir sind nur bekannt geworden: SB IV 7465 (44) und Stud. Pal. XX 72 (271). Der von Häge behauptete Gegensatz von ἀποδιδόναι – Rückgewähr einer fremden Sache – zu ἀνακομίζεσθαι – Erhalten einer eigenen Sache – scheint in dieser Schärfe nicht zu bestehen; ἀποδιδόναι wird allgemein gebraucht auch für die Rückgewähr kreditierten Geldes, das nach griechischer Auffassung aber ebenfalls noch dem Gläubiger gehört. Zwischen den beiden Worten kann allenfalls ein gradueller Unterschied in der Bezeichnung der „Nähe zu einer Sache“ bestehen.

[33] BGU VIII 1818 (59 a.): Eine Vergleichsurkunde verbunden mit einer Novation wird erwähnt (s. Darlehen 143), in dem Vergleich war die Rückgabe der alten Schuldurkunden vereinbart worden; die vorliegende Eingabe ist nicht auf die Rückgabe der Urkunde gerichtet. S. auch oben Anm. 24.

[34] S. die deutliche Bestimmung in Tebt. III 1, 809 (s. o. § 4 Anm. 4). Diese Übung scharf als Leistungsverweigerungsrecht zu fassen, entspricht wohl nicht dem verschwommenen Institut.

[35] S. schon Schwarz, Urkunde 126 ff.; Segre, BIDR 34 (1925) 116 ff. Zu der von Partsch angenommenen Wirkung der Aufhebung auf den Bestand des Schuldverhältnisses s. u. S. 88 ff. Für die Rücknahme einer Klage, d. h. der Klageschrift, wird ebenfalls ἀναιρεῖν verwendet: Dem. 52, 14; 58, 32; 59, 53 f. 68 f.

[36] Dem. 33, 12; 34, 31; so wohl auch Dem. 48, 46: Der Gegner hätte zum Kläger kommen und in Gegenwart von Zeugen von ihm verlangen müssen, die Urkunde vom Verwahrer zurückzunehmen. Auch in Dem. 56, 14. 15 ist eine Aufforderung zur gemeinsamen Wegnahme anzunehmen.

[37] S. o. S. 60 f. und u. S. 94 f.

nicht überliefert und nach den Quellen auch unwahrscheinlich.[38] Die Wegnahme der Urkunde allein genügte auch zur Erreichung des Zwecks: die zum Beweis dienende Urkunde aus der Welt zu schaffen.[39] Da die ἀναίρεσις stets Folge eines vorhergehenden „materiellen" Geschehens ist, wird sie in der Literatur[40] manchmal mit diesem gleichgesetzt. Bei aller sonst begegnenden Neigung, die Urkunden mit dem darin beurkundeten Akt zu identifizieren, lassen die Quellen aber stets erkennen, daß die Urkunde nur als Beweismittel gedacht war, und trennen daher auch zwischen dem materiellen Geschäft und der Aufhebung der Urkunde.[41]

---

[38] Den Gegensatz zwischen ἀναιρεῖν und ἄκυρον ποιεῖν macht Dem. 56, 15 deutlich: Der Gläubiger ist zur ἀναίρεσις nur bei voller Leistung bereit, dagegen bei Teilleistung entsprechend dem geleisteten Betrag zu einem einverständlichen ἄκυρον ποιεῖν bei dem verwahrenden Bankier. Wie dies vor sich ging, wird nicht gesagt; die Wirkung dagegen ist klar: Die Schuldurkunde soll entsprechend dem geleisteten Betrag kraftlos sein. Die Durchführung kann entweder durch eine rein mündliche Erklärung des Gläubigers geschehen sein oder durch eine schriftlich abgefaßte Erklärung – evtl. mit Empfangsbekenntnis (s. o. S. 60) –, jeweils als Homologie stilisiert, die Urkunde sei entsprechend der Zahlung kraftlos. Dieser Gegensatz zeigt, daß die ἀναίρεσις die ganze Urkunde erfaßt und dies wiederum spricht für einen rein tatsächlichen Akt.

[39] In Dem. 25, 69 wird der Gegensatz zwischen einer συγγραφὴ κειμένη und einer σ. ἀνῃρημένη deutlich: Wenn die Urkunde noch beim Dritten liegt, ist das Leugnen des Bestehens der Schuld ebenso unverschämt, wie in dem Falle, daß die Urkunde vom Dritten schon weggenommen wurde, das Behaupten des Bestehens der Schuld. S. auch SCHWARZ, aaO. 133, SEGRE, aaO. 116. Die Ansicht PARTSCHS ist nicht recht klar, er scheint an einen besonderen über die bloße einverständliche Wegnahme hinausgehenden Aufhebungsakt zu denken (Zschr. für Handelsrecht 70, 478, aber dort auch Anm. 51); der Grund für diese Ansicht ist wohl in dem Gedanken des Rechtsscheins zu suchen, s. u. S. 89.

[40] GERNET, Dem. plaidoyers civils, vol. II S. 244 Anm. 2, vol. III 140 Anm. 3 trennt und sieht richtig die ἀναίρεσις nur als Ausdruck der Beendigung des Schuldverhältnisses. WEISS, Gr. PR I 365 Anm. 34 (367): einseitiger Rücktrittsakt (diese Ansicht zu Dem. 48, 46 scheint aber durch die Nichtbeachtung des ἀξιοῦν – s. S. 366 – veranlaßt). PRINGSHEIM, GLS 28 faßt sie als mündlichen Vertrag auf; das trifft nur insoweit zu, als die Wegnahme einverständlich erfolgen mußte. Eine gewisse Gleichsetzung kommt in Isokr. 17, 31 f. zum Ausdruck.

[41] S. u. S. 93. Das ist auch gegen PAOLI, Studi di diritto attico 39, 126 einzuwenden. In Dem. 34, 31 entspricht die Zahlung an den Gläubiger mit anschließender ἀναίρεσις der Zahlung an einen „Vertreter" des Gläubigers in Gegenwart von vielen Zeugen: Die Beweisfunktion ist in beiden Varianten die gleiche. Dem. 56, 15: Die nicht weggenommene Urkunde wird nur als βοηθεία bei der Rechtsverfolgung bezeichnet.

c) In den Inschriften begegnen Belege für die Rückgabe der Urkunde an den Schuldner[42] wie auch für ihre Vernichtung.[43]

II. Urkundenrechtliche Bedeutung.

Zweck jeder Quittung ist zunächst der Beweis für die erbrachte Leistung.[44] Ob eine ausgestellte Urkunde alleiniges Beweismittel war, welche anderen Beweise gegen sie zulässig und welche Anforderungen an die Urkunde zu stellen waren, ist noch nicht hinreichend geklärt.[45] Es bedarf noch näherer Untersuchung und kann hier dahingestellt bleiben, ob für das Recht der Papyri von einer Beweistheorie und gegebenenfalls von welcher gesprochen werden kann.[46] Die Untersuchungen HÄSSLERS[47] über die Beweiskraft der Urkunde hinsichtlich der in ihr festgestellten Akte führen jedenfalls zu einer Einschränkung einer – möglicherweise – freien Beweiswürdigung.

---

42 DARESTE, Rec. 14, 3 A, B: Hier war wohl für den nach einer Zahlung (A) noch verbleibenden Rest eine neue Urkunde ausgestellt worden, die dann bei Restzahlung (B) zurückgegeben wurde. GDI I 488 = DARESTE, Rec. 14 (222–200 a.) (Nikareta-Urkunde, s. Darlehen 125): In der Stundungsabrede ist für den Fall der Rückzahlung vorgesehen, daß N. die Urkunde durchstreicht (?) und der Verwahrer sie der Stadt zurückgibt (Z. 74 ff.); wenn N. die Zahlung nicht annehmen will, soll der Verwahrer gleichwohl die Urkunden ausliefern (Z. 83 ff.). Die Urkunden wurden zurückgegeben, bzw. durchstrichen (Z. 120 ff.).

43 Hier ist die Bedeutung von ἐκλεαίνειν nicht eindeutig: Es kann „ausglätten, polieren" oder auch „verschwinden lassen" bedeuten. In SEG III 342 (III a.) Z. 29 ist in einem Stundungsvertrag die Vernichtung der Urkunde bei Zahlung vorgesehen, falls sie nicht vernichtet wird, soll sie ἄκυρος sein. Zu GDI I 488 s. oben Anm. 42.

44 Zur Dispositivität der Quittung s. o. S. 72 f. Die Äußerungen DÜWELS, Παρεύρεσις-Klausel 57, die Quittung sollte nicht die Leistung beweisen, sondern nur den Nachweis der Leistung überflüssig machen, beruhen wohl auf einem Mißverständnis einer Äußerung von SCHWARZ, Urkunde 114, der von der dispositiven Quittung als einer Art Schuldaufhebungsgeschäft spricht.

45 Gesetzliche Regelungen wie die demotische ZPO sind für den griechischen Bereich nicht überliefert; s. P. dem. Berlin Inv. 13621 (ed. W. SPIEGELBERG, Abhandl. d. Bay. Akad. d. Wiss. München, Neue Folge 1921, 1); SEIDL, La preuve I (Rec. de la Soc. J. Bodin XVI) 43 ff.

46 Zur Diskussion um die Annahme einer Beweistheorie vgl. HELLEBRAND, Prozeßzeugnis 175 f., SEIDL, Studi Solazzi 198 ff.; zum attischen Recht noch WOLFF, Beiträge 83 Anm. 216, GERNET, Droit et soc. 66. Vgl. im übrigen die Beiträge von PREAUX und SAUTEL in La preuve.

47 Kyriaklausel 31; WOLFF, Festschr. Taubenschlag (= Eos 48,1) I 365.

1. Für den Beweis einer erbrachten Leistung genügte ein einfaches schriftliches Empfangsbekenntnis des Gläubigers. Eine Aufhebung oder Rückgabe der Schuldurkunde war nicht nötig, auch nicht eine der Schuldurkunde entsprechende Form der Quittung.

Dieser Schluß ergibt sich notwendigerweise aus der Existenz der zahlreichen, nicht förmlichen Quittungen über Teilzahlungen bei den verschiedenen Geschäften.[48] Die Erwähnung der Schuldurkunde geschah hier allein zur genauen Kennzeichnung des Geschäfts, in dessen Rahmen geleistet wurde. Dem steht die absolute Beweiskraft der Schuldurkunde nicht entgegen, da die Quittung nur eine spätere, der ersten Urkunde nicht widersprechende, sondern sie sogar bestätigende Tatsache bezeugt.

Zu diesem Ergebnis führt auch die in den griechischen Verträgen der Papyri im Vergleich mit den demotischen nur selten vorkommende Klausel über eine Vorwegnahme der Beweiswürdigung bei Teilzahlungen: τῆς πίστεως περὶ . . . οὔσης περὶ ὧν ἐὰν μὴ ἐπιφέρωσι γράμματα, die πίστις soll beim Gläubiger oder beim Schuldner je nach der Vereinbarung sein hinsichtlich der Rückzahlung, soweit nicht Bestätigungen des Gläubigers über die Leistung beigebracht werden;[49] unter πίστις ist hier wohl „Vertrauen" im Sinne der Unwiderlegbarkeit der Aussage über die Leistung oder Nichtleistung zu verstehen.[50] An der Wirksamkeit dieser Vereinbarung sind kaum Zweifel möglich.[51] Wenn die Parteien schon die Schuldurkunde hinsichtlich des in ihr bezeugten Inhalts unwiderlegbar machen können durch die Kyriaklausel, so können sie wohl auch für die Möglichkeit des Fehlens einer Urkunde eine Beweisregelung treffen. Γράμματα können einfache Cheirographa sein, die in der Form damit der Schuldurkunde nicht entsprechen müssen. Ähnlich ist das Ergebnis auch in Oxy. XIV 1713 (279), wo für jede Teil-

[48] S. o. S. 8, S. 30 ff., S. 51.

[49] Oslo II 40 Z. 34 f. (150), Oxy. III 506 = MChr. 248 Z. 14 f. (143). Entsprechend ist wohl auch die Kurzfassung in Harr. 85 Z. 13 (117) auszulegen.

[50] S. Schmitz, Ἡ πίστις in den Papyri, 72 ff. S. auch Preisigke, WB s. v. Möglicherweise ist hier auch πίστις als Beweismittel zu fassen (s. Arist. Rhet. I, 15).

[51] So noch Mitteis, Chrest. Nr. 248, Anm. zu Z. 15; dagegen Sethe-Partsch, Dem. Bürgschaftsurk. 559; Seidl, Studi Solazzi 198; Hässler, Kyriaklausel 28 Anm. 133. Mitteis ging wohl noch vom römischen Recht, vgl. Kaser, RZP § 53 II, und von der deutschen ZPO aus, vgl. Rosenberg, Lehrbuch des ZPR[8] § 111 IV 3 a, die die Einschränkung der freien richterlichen Beweiswürdigung durch Parteivereinbarung untersagen.

zahlung γράμματα ὁμολογίας in Aussicht gestellt werden, ohne eine angeknüpfte Beweisregelung.[52]

Daraus und aus dem Gegenschluß aus der Mehrzahl der Schuldurkunden folgt: Zum Beweis der Leistung genügt eine einfache Bestätigung, das ist aber nicht nur dann der Fall, wenn es vorher vereinbart wurde, sondern stets.

2. Nach der Feststellung der tatsächlichen Entkräftung der Schuldurkunde durch die Quittung bleibt noch die Prüfung der Bedeutung der Übergabe der Urkunde an den Schuldner εἰς ἀκύρωσιν καὶ ἀθέτησιν und der Erklärung ἄκυρον εἶναι.[53]

Es liegt nahe, die Bedeutung in einer ausdrücklichen, mit konstitutiver Kraft ausgestatteten Aufhebung der κυρία-Eigenschaft der Schuldurkunde zu sehen. Dem stehen jedoch Bedenken entgegen.

a) Die Gründe des Aufkommens dieser Übung können wir in gewissem Umfang wahrscheinlich machen, der Schlüssel für die Erklärung der Bedeutung wird damit aber noch nicht fertig mitgeliefert.

Während die Überlieferung der Akyrosis ziemlich schlagartig mit dem Beginn der Römerzeit einsetzt, ist die Anführung der Schuldurkunde und ihre Übergabe an den Schuldner nach Erbringung der Leistung auch schon in ptolemäischer Zeit üblich.[54] Das Urkundenwesen der römischen Zeit unterscheidet sich von dem der vorhergehenden Epoche durch die dominierende Rolle der öffentlichen Urkunde. Der Gebrauch der privaten Urkunde – die Sechszeugenurkunde, zu der später allmählich das Cheirographon tritt – überwiegt vor der römischen Eroberung gegenüber der erst ca. im 2. Jh. a. C. aufkommenden Agoranomenurkunde. In römischer Zeit kehrt sich das Verhältnis um, die Sechszeugenurkunde verschwindet und die staatsnotarielle Beurkundung ist die Regel. Die privaten Cheirographa werden durch die δημοσίωσις und die ἐκμαρτύρησις einer öffentlichen Kontrolle unterworfen, dadurch wird auch ihre Verwendung erschwert. Das bedeutet eine Konzentrierung der Urkunden im öffentlichen Archiv, da die Originale im Amt behalten und den Parteien nur Ausfertigungen erteilt werden.[55] Von den Chei-

---

[52] Entgegen PARTSCH, aaO. 560 f., ist die häufige Klausel der alex. Synchoreseis (BGU IV) καὶ μὴ ἐπιφέρειν πίστεις ἢ ἀκύρους εἶναι nicht in diesem Sinne auszulegen, sondern als ein Verzicht auf die Geltendmachung von Schutzbriefen, s. v. WOESS, Asylwesen 191, neuestens SCHMITZ, aaO. 26 ff.

[53] Beide Formen, Übergabe und Erklärung, werden im folgenden der Einfachheit halber unter dem Oberbegriff der Akyrosis zusammengefaßt.

[54] S. o. S. 81.

[55] BOAK, P. Mich. II S. 1 ff., P. M. MEYER, JP S. 86 ff.

rographa erhalten die Parteien nach der Durchführung der δημοσίωσις nur Abschriften mit dem Vermerk der δ.. Eine Rückgabe des Originals der Urkunde an den Schuldner nach Erledigung ist damit ausgeschlossen.[56]

Ob und inwieweit dieser Wandel auf Erlasse – gleich welcher Art[57] – zurückzuführen ist, wissen wir nicht, ebensowenig, ob darin gegebenenfalls Vorschriften über die Behandlung der Schuldurkunde nach Erledigung des Schuldverhältnisses enthalten waren. Gegen eine gesetzliche Regelung spricht allerdings die weiter bestehende ptolemäische Übung der bloßen Anführung der Schuldurkunde in der Quittung. In dieser Situation könnte der Gedanke an eine besondere Erklärung über die Unwirksamkeit der Schuldurkunde entstanden sein, veranlaßt durch die tatsächliche Unmöglichkeit der Übergabe des Originals der zahlenmäßig nunmehr weit überwiegenden öffentlichen Urkunden. Ob die Wurzeln dieses Gedankens schon in ptolemäischer Zeit zu suchen sind und dieser in römischer Zeit nur seinen Ausdruck fand, ist ungewiß.[58] Auch die ptolemäische Agoranomenurkunde wurde im Original im Archiv verwahrt,[59] während die der Anagraphe unterzogene Privaturkunde nach Abschrift und Registrierung wohl im Original zurückgegeben wurde.[60] Zudem klafft in der Überlieferung eine Lücke, unsere jüngste ptolemäische Quittungsurkunde (SB VI 9405) stammt aus dem Jahre 75 a. C.

Keinen Einwand begründet die unterschiedliche Fassung der Klausel, einmal als Feststellung der ἄκυρος-Eigenschaft, einmal als Übergabe zur ἀκύρωσις. Die Bedeutung für die Schuldurkunde ist die gleiche. Es handelt sich vielmehr nur um eine Eigenart des Urkundenstils; das wird deutlich am Beispiel der Synchoresisurkunden, in denen eine Übergabe nicht erwähnt wird, auch wenn die Schuldurkunde keine Synchoresis ist. Ebensowenig ist von Belang, daß nicht das Original, sondern nur eine Ausfertigung übergeben

---

56 Jörs, SZ 34 (1913) 115.

57 S. v. Woess, Urkundenwesen S. 33.

58 Zum Registerwesen in ptolemäischer Zeit vgl. Preaux, L'économie 317 ff., La preuve I, 185 ff. Ob wir in Tebt. III 1, 815 einen Beweis für eine Registrierung der Schuldurkunde zu sehen haben oder nur die Notiz eines Schreibbüros, so Wilcken, UPZ I 596 ff., ist hier unerheblich, da das Original jedenfalls einem Syngraphophylax anvertraut wurde. Petr. II 47 (210 a.) wurde nur infolge der dienstlichen Abwesenheit des Syngraphophylax registriert. SB VI 9405 (75 a.) ist ein sehr unsicheres Beispiel, das nicht herangezogen werden kann (s. o. § 1 Anm. 45).

59 Wilcken, P. Freib. III S. 51 entgegen Partsch, ebendort S. 4; v. Woess, Urkundenwesen 17; anders noch Segre, BIDR 34 (1925) 90.

60 Wilcken, UPZ I 614; Preaux, L'économie 321 ff. S. auch Krauss, Ἀναγραφή 39 ff.

werden konnte, da nur diese in der Hand des Gläubigers war und diese auch zur Einleitung der Zwangsvollstreckung genügte.

Das Vorkommen der Übergabe εἰς ἀκύρωσιν bei den Cheirographa gibt ebenfalls kein Gegenargument ab, hier liegt wohl nur eine Übernahme aus dem Amtsstil und eine Angleichung an diesen vor. Gerade die erste Erwähnung der Übergabe eines Cheirographon begegnet in einer Bankdiagraphe aus dem Jahre 42. Bindeglied der Übernahme dürfte die vorgeschriebene, wenn auch nicht stets durchgeführte δημοσίωσις[61] des Cheirographons gewesen sein. Cheirographa werden außer in den alexandrinischen Synchoreseis und im Falle des Verlustes nie für ἄκυρος erklärt, sondern stets übergeben. Die Übergabe des Originals ist nur möglich, wenn die δημοσίωσις nicht vorgenommen wurde, und deshalb zwar praktisch die Regel, theoretisch vom Urkundenwesen her gesehen aber die Ausnahme.

b) In der Literatur wird den beiden Fassungen der Akyrosis und der Rückgabe der Urkunde überwiegend keine entscheidende Bedeutung beigemessen. Die Unterschiede in der Formulierung und Akzentuierung der einzelnen Punkte[62] münden in die gemeinsame Feststellung, daß die Beweissituation des Schuldners geklärt werden sollte. Eine andere Ansicht vertrat – zeitweise – PARTSCH.[63] Ausgehend von der möglichen Gestaltung des Literalvertrags, die darin bestanden habe, daß die Urkunde aufgrund der Kyriaklausel zur ausschließlichen Grundlage der Beurteilung des Rechtsverhältnisses geworden sei, hielt er es für möglich, daß „nur die Aufhebung des Beurkundungsakts durch einen mit Bezug auf die Urkunde vorgenommenen *actus contrarius* das Schuldverhältnis zum Erlöschen brächte". Als Alter-

---

[61] Erforderlich war die Demosiosis für die Vollstreckbarkeit der Urkunde, s. JÖRS, SZ 34 (1913) 140 ff.; SCHWARZ, Urkunde 57; HÄSSLER, Kyriaklausel 86.

[62] FREUNDT, Wertpapiere II 162 ff.; SCHWARZ, Urkunde 99, 117; STEINACKER, Antike Grundlagen 160 Anm. 2. Die Ausführungen von SEGRE, BIDR 34 (1925) 67 ff. sind in sich nicht recht klar (trotz seiner Verteidigung durch MAROI, SDHI 3, 1937, 163 gegenüber WEBER, OR 2 f.); unverständlich bleibt hier jedoch, warum die Rückerstattung nur Wirkung zwischen den Parteien — unter denen offensichtlich Gläubiger und Schuldner verstanden werden — haben solle, während zu einer Befreiung gegenüber jedem Dritten eine öffentliche Quittung mit Empfangsbestätigung, Akyrosis und Nichtangriffsklausel nötig sein solle (S. 94); falls SEGRE auf einen Wertpapiercharakter der Urkunde anspielen sollte, was nicht zum Ausdruck kommt, dann ist seine Ansicht jedenfalls durch HÄSSLER, Kyriaklausel 54 ff. widerlegt. HÄSSLER betont ebenfalls die bloße Erleichterung der Beweissituation des Schuldners durch die Akyrosis der Urkunde.

[63] Ztschr. f. Handelsrecht 70 (1911) 478. Er scheint diese Ansicht in Arch. 5 (1924) 273 wieder aufgegeben zu haben, wenn er die ausschlaggebende Bedeutung des realen Moments für die Begründung einer Verbindlichkeit betont.

native stellt er einen durch die fortdauernde Verwahrung der Schuldurkunde beim Verwahrer erzeugten Rechtsschein für das Bestehen der Obligation – zumindest im attischen Recht – zur Debatte. Einen ähnlichen Standpunkt – wenn auch weniger klar – vertritt KÜHNERT,[64] ebenfalls aufgrund seiner Anschauung von der Rolle der Urkunde bei der Begründung des Rechtsverhältnisses;[65] die Akyrosis sei der Angelpunkt der Beseitigung der Haftungsunterwerfung.

Die folgende Erörterung, die zur Bejahung der überwiegenden Ansicht führt, macht m. E. – soweit dies nach dem Stand der Überlieferung und der Eigenart des Materials möglich erscheint – auch klar, daß keine durchschlagenden Argumente für die genannte zweite und dritte Auffassung sprechen.

Vorweg sei bemerkt, die Kyriaklausel verleiht der privaten Urkunde Maßgeblichkeit i. S. einer Unwiderlegbarkeit der durch sie bezeugten Tatsachen, die Haftungsunterwerfung ist eine dieser Tatsachen und eine Bedingung für das Existentwerden des begründenden Moments, der Zweckverfügung oder der Vergabe unter Bedingungen.[66] Von diesem auch von KÜHNERT gebilligten Ausgangspunkt aus kann der Akyrosis Wirkung nur neben der Erbringung der Leistung zugekommen sein, und wenn diese, wie hier zu zeigen versucht wurde, entscheidend sein sollte,[67] kann der Akyrosis nur die Bedeutung der Beseitigung eines Beweismittels zugekommen sein. Eine andere Frage ist, welche Wirkung die Weiterexistenz der Schuldurkunde hat; nach moderner Terminologie ist hier allenfalls von einem Indiz zu sprechen, da ein Rechtsschein zugunsten Dritter wohl auch von PARTSCH nicht angenommen wird.

Die Frage nach der Bedeutung der Übergabe der Urkunde εἰς ἀκύρωσιν καὶ ἀθέτησιν wurde schon oben gestreift. Wenn man die Wendung in dieser am häufigsten gebrauchten Form ernst nimmt, dann besitzt die Urkunde bis zur Übergabe noch die volle Kyriaeigenschaft. Der Ausdruck συγχωρεῖ ἄκυρον εἶναι τὴν συγγραφήν legt ebenfalls diese Annahme nahe. Damit käme man zu dem Ergebnis, daß in der Akyrosis eine ausdrückliche Aufhebung der förmlichen Kyriaeigenschaft der Schuldurkunde zu sehen ist.

Dagegen spricht jedoch eine Reihe von Gründen, die zugleich eine andere Sicht nahelegen.

---

64 KÜHNERT, Kreditgeschäft 64 ff., 106.

65 AaO. 15 ff., 35 ff.; dagegen s. schon Darlehen 48 Anm. 56.

66 S. o. S. 64.

67 Das gleiche gilt, wenn die Leistung nicht tatsächlich bewirkt, wohl aber der Empfang durch den Gläubiger fingiert wurde, also materiell ein Schulderlaß vorliegt.

Auszugehen ist von der ptolemäischen Sitte der Anführung der Schuldurkunde ohne weitere Angaben über ihr Schicksal, die auch in römischer Zeit fortlebt. Zweck dieser Übung kann nur sein, das durch die Leistung erledigte Schuldverhältnis zu bestimmen und die Schuldurkunde bei einer evtl. Geltendmachung ihrer Wirkung zu berauben. Das gleiche gilt für die Quittung über eine Teilleistung. Von Bedeutung ist in diesem Zusammenhang auch die Klausel ... τὴν συγγραφὴν μένειν κυρίαν, die die Aufrechterhaltung von Urkunden bezeichnet. Sie kommt in den Quittungen nur selten vor,[68] sehr häufig dagegen in Verträgen;[69] im ersten Fall ist sie auf die Schuldurkunde und zum Teil auch auf andere Quittungen zu beziehen, im zweiten auf andere zwischen den Parteien bestehende Verträge. Mehr als eine klarstellende Funktion wird ihr nicht zugekommen sein, das folgt für die Quittungen schon aus der Existenz der Teilquittungen ohne diese Klausel. Besonders klar wird es in Fam. Tebt. 7 und 10 (zum Fall s. o. S. 24 f.). In Nr. 7 hält der erste der drei Brüder die Schuldurkunde aufrecht unter Beschränkung auf die noch nicht geleisteten zwei Drittel, in Nr. 10 hält der dritte Bruder die Quittungen der anderen zwei aufrecht und homologiert die ἄκυρος-Eigenschaft der Schuldurkunde gerade aufgrund der vollen Leistung. Für die Verträge ergibt es sich aus dem Zusammenhang, da sehr häufig ganz pauschal alle anderen von den Parteien errichteten Urkunden als weiterhin maßgeblich bezeichnet werden, ohne daß eine Beziehung zu dem neu geregelten Sachverhalt ersichtlich ist.[70] Wenn danach nur eine an sich bedeutungslose Floskel des Notariatsstils anzunehmen ist, so erlaubt sie doch einen für uns interessanten Schluß. Sie kann nur dann irgendeine – sei es auch nur eine rein deklaratorische – Bedeutung gehabt haben, wenn eine Quittung unter Bezeichnung des Schuldverhältnisses generell dazu geeignet war, durch den Beweis der erbrachten Leistung die Urkunde ἄκυρος zu machen, auch ohne daß eine ausdrückliche Erklärung über die Akyrosis vorlag.

Eine Eigenart der Stilisierung ist noch hervorzuheben. Auch in sonst nicht als Synchoreseis, sondern als Homologien gefaßten Urkunden wird über-

---

[68] Lond. II 143 (S. 204), Fam. Tebt. 7,10, BGU I 297, Fay. 90. Bei den Pachtquittungen wird regelmäßig die μίσθωσις aufrechterhalten, s. u. S. 93 f.

[69] Belege s. bei PREISIGKE, WB s. v. μένειν.

[70] Eine interessante Frage, der hier nicht nachgegangen werden kann, ist die Abänderung getroffener Vereinbarungen durch nachträgliche Übereinkunft der Parteien. Vgl. hierzu Plutarch, Moralia IX, 13, 2 (742 D), wonach die späteren Festsetzungen κυριώτερα sein sollen; bestritten ist allerdings, ob es eine Regel des römischen oder des griechischen Rechts ist (SCHULTHEISS, RE Suppl. VI 1166); Bedenken gegen die Annahme griechischen Rechts könnten allenfalls aus der Person des Sprechers folgen.

wiegend formuliert: ἣν (sc. Schuldurkunde) συγχωρεῖ ἄκυρον εἶναι.[71] Damit steht aufgrund der Synchoresis und auch der Homologie[72] fest, daß die ἄκυρος-Eigenschaft zugestanden wird; eine Willenserklärung des Inhalts, daß durch die Erklärung die Urkunde ἄκυρος sein solle, ist ausgeschlossen, die Natur des – ursprünglich gerichtlichen – Geständnisses einer Tatsache deutet vielmehr auf eine schon bestehende Unwirksamkeit hin. Deutlich wird dies bisweilen durch die Anfügung eines αὐτόθεν, das, sei es kausal, sei es zeitlich eine Beziehung zur Erbringung der Leistung herstellt und nicht auf den Zeitpunkt des συγχωρεῖν zu beziehen ist.[73]

Damit kommen wir zu folgendem Ergebnis. Die Schuldurkunde wird durch jede Quittung über die Erbringung der Leistung je nach dem Umfang der Leistung ihrer Wirksamkeit beraubt, sie ist ἄκυρος. Eine ausdrückliche Aufhebung der κυρία-Eigenschaft ist nicht nötig. Die Feststellung ἄκυρον εἶναι hat nur deklaratorische Bedeutung, sie kann fehlen.

Die Urkunden stellen die Übergabe zur ἀκύρωσις mit dem Geständnis der ἄκυρος-Eigenschaft in eine Reihe. Das wird deutlich einmal bei Verlust der Urkunde[74] und zum anderen bei der Übergabe einer Ausfertigung, während das Original Objekt einer Homologie ist.[75] Wenn wir noch in Betracht ziehen, daß beide Klauseln nur bei voller Leistung oder bei Restzahlungen erscheinen, also bei endgültiger Erledigung eines Schuldverhältnisses, dann bleibt unter Beachtung der möglichen Gründe für das Aufkommen als Bedeutung der Wendung ἀναδέδωκεν εἰς ἀκύρωσιν καὶ ἀθέτησιν: „er übergab zum Zweck der endgültigen Außerkraftsetzung". Die Übergabe selbst stellt den letzten Akt dar und dient dem Ausschluß einer weiteren Verwendung, die aufgrund des Besitzes der Urkunde für den Gläubiger noch denkbar ist, auch wenn die Urkunde schon vorher kraftlos ist, sie hat damit gleichfalls nur eine klarstellende Funktion. Die Übergabe ist nur der augenscheinlichste Teilaspekt des etwas schillernden Prozesses der Beseitigung einer Urkunde, von dem die Quittungen bald den einen oder bald den anderen herausgrei-

71 Mil. Vogl. III 146, 185; Oxy. VI 906; PSI VII 775, VIII 921 Z. 6 ff. (s. o. § 5 Anm. 8); SB VI 9619, VIII 9923. Ausnahme ist Fam. Tebt. 10 und Oxy. XIV 1716.

72 S. o. S. 65 f. und die dort angeführte Literatur; eine weitere Frage, deren Lösung aber von einer noch ausstehenden Untersuchung des gesamten Urkundenwesens abhängt, ist die, ob die hier übliche Verwendung von συγχωρεῖν den Schluß auf eine Übernahme der Klausel aus dem alexandrinischen Notariatsstil zuläßt.

73 S. Mayser, Gr. Gramm. I 3² S. 119, z. B.: BGU IV 1148, 19; 1165, 27 u. ö.

74 SB VI 9619 (184), s. o. S. 77.

75 Lond. III 1164 b (S. 156) (212).

fen, ohne je eine genauere Durchdringung der Materie erkennen zu lassen, es wird nur auf die Wirkung abgestellt. Ein festes System von Regeln hat es wohl nicht gegeben. Die Akyrosis bedeutet gegenüber dem Brauch der ptolemäischen Zeit nur eine Verdeutlichung, aber keinen Beleg für eine gesteigerte Bedeutung der Beseitigung der Urkunde.

3. Es bleibt noch die in der Literatur aufgeworfene Frage, ob hinter der Übergabe der Urkunde an den Schuldner und auch der Feststellung der ἄκυρος-Eigenschaft nicht mehr steckt, als nur die Beseitigung und der endgültige Ausschluß der weiteren Verwendbarkeit der Urkunde durch den Gläubiger, ob es sich nicht um die Beseitigung eines Rechtsscheins handelt.[76]

Aus den Quittungen selbst ergibt sich in dieser Beziehung direkt nichts; wir müssen auf die Schuldurkunde und auf die allgemeine Anschauung über die Urkunde zurückgreifen.

a) Die in den demotischen Schuldurkunden häufige Klausel, daß der Schuldner sich nicht auf die Erfüllung berufen könne ohne Quittung des Gläubigers und solange dieser die Schuldurkunde noch in Händen hat,[77] begegnet in den griechischen Papyri nicht. Es begegnen nur die wenigen oben genannten Fälle[78] einer Festlegung der Beweiswürdigung bei Fehlen von Quittungen, eine Entsprechung zur zweiten Hälfte der demotischen Klausel fehlt. Zudem ist bei der ersten Hälfte eine Übernahme aus dem demotischen Formular nicht unwahrscheinlich.

Ein Einzelfall in der Überlieferung ist auch die Wendung in BGU I 183 = MChr. 313 (84) und I 251 (81): μενούσης ἐπὶ χωρὰς τῆς συγγραφῆς ταύτης ἀπερίλυτον εἶναι (Z. 9 f.), solange der Ehevertrag in Kraft bleibt, soll die Schuld (Rückgewähr der Mitgift) nicht erbracht sein.[79] Damit schafft die Urkunde, solange sie in Kraft bleibt, und das heißt wohl, solange sie der Gläubiger in Händen hat, unwiderleglich Beweis dafür, daß die Schuld noch nicht erfüllt ist. Die Urkunde hat dadurch eine über den Normalfall hinausgehende Beweiskraft, sie ist auch durch eine Quittung nicht widerlegbar.

---

[76] S. Partsch, Ztschr. f. Handelsrecht 70 (1911), 478. Er will damit aber wohl keine Parallele zum geltenden Recht bilden, ein Rechtsschein mit Wirkung zugunsten Dritter dürfte hier ausgeschlossen sein. Eine Vermutung – widerlegbar oder unwiderlegbar — ist ebenfalls auszuschließen.

[77] S. Seidl, Studi Solazzi 198 ff. und zu dieser Frage auch schon Partsch, Dem. Bürgschaftsurkunden 558 ff. S. auch Pestman, Antidoron David 103.

[78] S. o. S. 85.

[79] S. Partsch, Dem. Bürgschaftsurkunden 559 Anm. 2; Kreller, Erbrechtliche Untersuchungen 232; Berger, Strafklauseln 226 ff.

b) Die aus den griechischen Quellen insgesamt zu entnehmende Anschauung über die Wirkung der Urkunde bei der Schuldbegründung geht dahin, daß die Urkunde nicht Abschlußerfordernis für das Geschäft ist, sondern daß ihre Errichtung nur ein Indiz für die Vornahme des Geschäfts überhaupt ist.[80] Der Urkunde kann damit nach unserer Auffassung unter Umständen eine Dispositivwirkung im weiteren, aber nicht im engeren Sinne zukommen.

Auf die Beendigung des Schuldverhältnisses angewandt folgt aus dieser Betrachtungsweise und aus unserer Beobachtung über die ἀναίρεσις[81] zunächst für das attische Recht, daß die Wegnahme der Urkunde vom Verwahrer ein Indiz für die Erfüllung und die fortdauernde Aufbewahrung durch den Dritten ein Indiz für die Nichterfüllung ist.

Entsprechende Äußerungen der Quellen fehlen für den Bereich der Papyri. Die Motive für eine Quittungserteilung sind indifferent.[82] Bedenken gegen ein Fortwirken der attischen Anschauung im Rechte der Papyri ergeben sich aber aus folgendem. Dem attischen Recht war die ἀποχή als Institut noch fremd, wenn auch Empfangsbekenntnisse des Gläubigers nicht auszuschließen sind. Im Rechte der Papyri stellt die ἀποχή aber schon einen Schritt zu einer mehr materiellen Betrachtungsweise dar,[83] die eine Entkräftung einer Urkunde durch eine andere unabhängig von einer Verwahrung als den Regelfall ansieht. Aber selbst für das attische Recht werden wir nur von einem Indiz, aber nicht mit PARTSCH von einem Rechtsschein zu sprechen haben.

III. Ein Streiflicht auf die Verbindung von Geschäft und Urkunde wirft die Erwähnung des Geschäfts in den Quittungen. Bei Darlehen, *depositum* und der Scheidung sowie den sonstigen Schuldzahlungen wird die errichtete Urkunde angeführt, bei den Typen der μίσθωσις überwiegend die Tätigkeit oder das Innehaben des Objekts. Eine Entsprechung finden wir in den Klauseln über die Aufrechterhaltung des Vertragsverhältnisses. Die Wendung μένειν κυρίαν bezieht sich bei der ersten Gruppe auf die Urkunde, in der zweiten aber auf die μίσθωσις selbst, in Cair. Isid. 118 (310) heißt es dann

---

[80] S. Darlehen 50 ff. zum Stand der Diskussion; GERNET, Droit et soc. 219; vgl. auch die typische Argumentation bei Arist. Rhet. I 15, 20 (1376 b).

[81] S. o. S. 82 f.

[82] S. o. § 6 Anm. 82 und S. 58.

[83] Erst gegen Ende des 2. Jahrhunderts und im 3. Jahrhundert begegnet die Bezeichnung der ἀποχή als ἀνεγκλησία, aber dort nur in Verbindung mit ἀποχή (PSI IV 288, Oxy. XIV 1716, 1717).

γεωργοῦ μενόντος. Ob das nur ein Reflex der größeren Evidenz der Tätigkeit und des Innehabens gegenüber dem „Haben" fremden Geldes ist, bleibt noch zu untersuchen; hier kann der Frage nicht nachgegangen werden.

§ 8 Die Nichtangriffsklausel

I. Der Nichtangriffsklausel der Papyri entspricht im attischen Recht die ἄφεσις καὶ ἀπαλλαγή.

Ihr Anwendungsbereich greift über den der Erfüllung hinaus. Sie kommt vor einmal in Vergleichen, vor wie auch nach der Klageerhebung,[1] zum anderen bei Erbteilungen, Vermögensauseinandersetzungen,[2] Erbringung der geschuldeten Leistung,[3] bei der αἴδεσις wegen φόνος ἀκούσιος[4] und bei der Rücknahme einer Strafklage.[5]

1. Den Inhalt bildet die Freistellung des Gegners von allen ἐγκλήματα, beschränkt auf den einzelnen Geschäftskomplex: ἀφιέναι τὸν δεῖνα πάντων τῶν ἐγκλημάτων (Dem. 36, 10).

Eine der Bezeichnung des Geschäfts entsprechende Trennung in eine ἄφεσις und eine ἀπαλλαγή klingt in den Quellen zuweilen an, ist aber nicht streng durchgeführt.[6] Der Sprachgebrauch der Papyri scheint eine solche Trennung zwar ebenfalls nahezulegen, jedoch stehen dem weitere Bedenken entgegen. Die Wendung ἄφεσις καὶ ἀπαλλαγή begegnet nicht, ebensowenig die Verben verbunden zur Bezeichnung eines Geschäfts. Ἀπαλλάττειν wird dort hauptsächlich zur Bezeichnung der einverständlichen Scheidung der Ehe-

---

[1] Vgl. STEINWENTER, Streitbeendigung 122 ff.

[2] Dem. 47, 64. 74.

[3] Is. 5, 1; Dem. 36, 5. 10. 15; 45, 41.

[4] Dem. 25, 18; 33, 12 (s. WOLFF, Paragraphe 25 ff.), 36, 15 (s. WOLFF, aaO. 52 ff., Eranion Maridakis I 92 ff.), 37, 16. 17 (WOLFF, aaO. 49 ff.), 38, 1 (WOLFF, aaO. 57 ff., Eranion Maridakis I 95 f.); Isokr. 17, 29.

[5] Dem. 37, 59. 60; 38, 21. 22.

[6] Dem. 33, 12: Gegenseitige ἀφ. κ. ἀπ. τῶν συναλλαγμάτων; besonders deutlich ist 36, 10: ἀπαλλάττειν τῆς μισθώσεως und ἀφεῖναι πάντων τῶν ἐγκλημάτων, im folgenden: ἀφῆκεν τῆς μισθώσεως καὶ τῶν ἄλλων ἁπάντων τῶν ἐγκλημάτων, in 45, 41 ist hierauf bezogen von einer ἄφεσις die Rede, um βεβαίαν αὐτῶι τὴν ἀπαλλαγὴν εἶναι wonach die Aphesis nur der Bekräftigung der ἀπαλλαγή dient. In der Lit. s. LIPSIUS, AR 850 Anm. 15, STEINWENTER, Streitbeendigung 129 Anm. 1 gegen eine Scheidung; neuerdings dafür PAOLI, Studi di processo attico 93 ff. und Novissimo Digesto Italiano I 681 f.

gatten verwendet.[7] Bei ἀφιέναι kann zudem wohl eine gewisse Verschiebung der Bedeutung angenommen werden, da nicht mehr eine Person von ἐγκλήματα aus einem Sachverhalt freigestellt wird, außer bei Straftaten,[8] sondern bei Schulden diese selbst dem Schuldner erlassen werden.[9] Ein Einfluß dieses Sprachgebrauchs auf die Lexikographen erscheint nicht ausgeschlossen, die die ἄφεσις als die einseitige Rücknahme einer Klage durch den Kläger, die ἀπαλλαγή als die einverständliche Befreiung des Beklagten von der Klage erklären.[10]

Objekt der ἄφεσις sind die ἐγκλήματα, bereits erhobene wie auch noch später mögliche. Die Bedeutung von ἔγκλημα läßt sich nicht stets eindeutig festlegen; sie schwankt zwischen „Klage, Klageschrift, Ladung" und dem „Klagegegenstand" selbst.[11] Die Betonung liegt demnach wohl aber eher auf dem Mittel der Geltendmachung und damit auf prozessualem Gebiet als auf der geltend gemachten Folge eines Rechtsverhältnisses, das den Grund eines ἔγκλημα abgibt. Ἔγκλημα bezeichnet nicht den materiellen Anspruch auf eine Leistung, der nun in der Klageschrift verkörpert ist, wiewohl eine Identifizierung zwischen Urkunde und ihrem Inhalt der griechischen Sprache nicht fremd ist. Dagegen spricht die Vielfalt der Sachverhalte, bei denen die ἄφεσις erscheint, ohne daß eine Differenzierung je nach Art des ἔγκλημα etwa zwischen obligatorischen oder dinglichen Ansprüchen und auch einem Strafanspruch angedeutet wird.

2. Die ἄφεσις καὶ ἀπαλλαγή ist demnach wohl zu fassen als ein einseitiger Klageverzicht des Klageberechtigten, der zu einem zugrundeliegenden Ge-

---

7 S. Preisigke, WB s. v., insbesondere in den Abreden der Eheverträge über die Rückgabe der φερνή bei Scheidung.

8 S. die Amnestieregelungen in den Philanthropa, insbesondere Tebt. I 5, Z. 2–5 (118 a.), dazu neuestens mit Parallelstellen und den sonstigen Erwähnungen Koenen, Eine ptolemäische Königsurkunde (P. Kroll) 18 ff.

9 S. ebenfalls die Philanthropa; mit Parallelstellen Koenen aaO. 22 ff.

10 Harpocr. 69, 1 s. v. ἀφεῖς; Lex. Seguer. 202, 11; Suidas s. v. ἀφεῖς.

11 Lipsius, AR 817 trennt zwischen einem eigentlichen – bei Privatklagen – und einem uneigentlichen – bei öffentlichen Klagen – Sprachgebrauch; in den Papyri wird ἐ. ohne Unterschied gebraucht, auch in dem alex. P. Hal. 1 (vgl. Dikaiomata S. 55, 89), s. Meyer, JP S. 238, Semeka, Prozeßrecht I 236, Preisigke, WB s. v. S. auch Steinwenter, SZ 46 (1926) 380, Gernet, Droit et soc. 73, Paoli, Studi di processo attico 109 ff.; Wolff, Justizwesen 134 Anm. 38.

Dem. 36, 10. 24: ἀφῆκεν τῆς μισθώσεως καὶ τῶν ἄλλων ἁπάντων ἐγκλημάτων; 37, 60; 38, 22: ἀφεῖναι ... χρημάτων καὶ ἐλαττόνων ἐγκλημάτων.

schäft hinzutreten kann, aber nicht hinzutreten muß.[12] Dem entspricht auch die Folge der ἄφεσις: μὴ εἰσαγώγιμον εἶναι τὴν δίκην (Dem. 37, 1), die in einem Paragrapheverfahren geltend zu machen ist, das sich nicht mit der „Begründetheit“ der δίκη zu befassen hat.[13] Ein materiellrechtlicher Akt des „Schulderlasses“ ist darin nicht zu sehen, kann aber die *causa* einer ἄφεσις sein.[14] Dementsprechend scheint es angebracht, anstelle von „Entlastungsquittung“[15] von einem Klageverzicht zu sprechen.

II. Die Nichtangriffsklausel hat in den Papyri ein ähnlich weites Anwendungsfeld wie die ἄφεσις im attischen Recht. Sie begegnet in den dort genannten Fällen, nur für den Bereich des Strafrechts ist sie nicht bezeugt, wohl aber in etwas abgewandelter Form auch für den Kauf.

1. Inhalt und Wirkung der Klausel allgemein ergeben sich zunächst aus ihrem Wortlaut.[16]

a) Der Gläubiger oder der sonst Erklärende gesteht zu, daß er gegen den Schuldner oder den sonstigen Geschäftsgegner keine Klage erheben werde noch gegen ihn vorgehen werde. Der Verzicht auf die Klage wird zumeist mit μὴ ἐγκαλεῖν, ἐπικαλεῖν formuliert,[17] einmal bezeichnenderweise auch mit μὴ ἐπιτιμᾶν,[18] wodurch auf die Festsetzung des ἐπίτιμον, des von der „Forderung“ wesensmäßig verschiedenen Bußgeldes in Gestalt der Urteilssumme verzichtet wird.[19]

Keinen speziell juristischen Sinn haben die sonst gebräuchlichen Verben ἐπέρχεσθαι, μετέρχεσθαι oder διαμφισβητεῖν, sie bezeichnen nur ein Vorgehen gegen einen Anderen im feindlichen Sinne.[20] Allein für den Urkundenstil

12 Schwarz, Urkunde 140; die ἄφεσις als Vertragsannullierung ohne Erfüllung zu bezeichnen (Pringsheim, GLS 28), ist aber zumindest mißverständlich.

13 S. neuestens Wolff, Die attische Paragraphe.

14 Schwarz, Urkunde 137 f. trennt nicht zwischen Kausalgeschäft und ἄφεσις.

Zu überlegen bleibt noch, ob die ἄφεσις nicht auf eine Zeit zurückweist, in der die Erbringung der Leistung nicht schon von selbst die latente Haftungslage auflöste, sondern eine dem Gläubiger eingeräumte πρᾶξις noch durch eine entsprechende Erklärung des Gläubigers ausgeräumt werden mußte. Die Tatbestände der Paragraphe waren schon vor der Einführung der Paragraphe bekannt (s. Wolff aaO. 105).

15 Wolff, Paragraphe 47, 52. S. Schwarz, Urkunde 135 ff., der überhaupt von einem Erlöschen des Schuldverhältnisses durch die ἄφεσις spricht.

16 Zu den örtlich verschiedenen Fassungen s. Schwarz, Urkunde 100 ff.

17 Belege s. o. 1. Kapitel.

18 SB VIII 9827 (29).

19 Partsch, Arch. 5 (1913), 477; Darlehen 112.

20 Belege s. oben Anm. 17.

ist von Interesse, daß die Ausdrücke in ptolemäischer Zeit nur selten gehäuft werden, in römischer Zeit dagegen sehr oft, Regeln lassen sich aber nicht aufstellen. Der Klageverzicht gilt für die Gegenwart und für die Zukunft.[21] Die Wendung μηδένα λόγον ἔχειν begegnet zum ersten Mal im Jahre 265 (Grenf. II 69), sie tritt stets allein auf und nur in Quittungen,[22] es schließt sich dann die übliche Form der Nichtangriffsklausel an. Ob hierin eine Übernahme des lateinischen *nomen* liegt, ist nicht zu entscheiden;[23] notwendig ist es nicht, da auch ein Verzicht auf eine Rechenschaftsnahme denkbar erscheint.[24]

Damit wird auf jede Art des Vorgehens verzichtet, eine Beschränkung auf ein bestimmtes Verfahren kommt darin nicht zum Ausdruck; auch das Verb ἐγκαλεῖν wird nicht technisch für die Einreichung eines ἔγκλημα, einer Klageschrift verwendet.[25]

b) Hinsichtlich des Objekts des Klageverzichts sind zwei Typen der Klausel zu scheiden. Der Grundtyp beschränkt sich auf den Gegenstand[26] des Geschäfts, der zweite, erweiterte Typ erfaßt alle Beziehungen zwischen den Par-

---

21 Der manchmal anzutreffende Gebrauch des Aorists anstelle des Futurs scheint nur ein Versehen zu sein, begründet durch die Verwandtschaft der Formen; vgl. MAYSER, Gr. Gramm. I 2^2 165.

In den BGU (IV 1124, 1153 II, 1165, 1167) begegnet auch die Formel ... καὶ μηδεμίαν καταλείπεσθαι ἔφοδον „keine Klage mehr zu haben". Die Urkunden ergeben nichts darüber, ob der Schuldner in Verzug geraten war, so daß der Gläubiger schon hätte gegen ihn vorgehen können; das ist nicht wahrscheinlich, es wird wohl nur ganz allgemein an eine Klagemöglichkeit gedacht worden sein, ohne auf einen bestimmten Klagetatbestand abzustellen. Das gleiche ist für das Vorkommen in Kaufverträgen zu sagen.

22 Z. B. BGU II 408, 411, Cair. Isid. 94, Fior. I 27, Straßb. III 142.

23 *Nomen* hat wohl nicht von Anfang an die Bedeutung „Forderung", sondern eher die eines Rechnungspostens gehabt. Über das Fortbestehen der Formel bis in die byzantinische Zeit (vgl. Sch. zu Bas. 11, 2, 4, 1 – D. 2, 15, 4 –) s. STEINWENTER, Studi Albertoni I 73 ff.

24 Vgl. Rechenschaft fordern oder -legen: τὸν τῶν χρημάτων λόγον λαμβάνειν: Dem. 8, 47; τοῦ ἰδίου βίου λόγον διδόναι: Dem. 18, 8; λογοποιεῖν: Fouad I 27.

25 S. z. B. in einer Enteuxis: Rein. 7 = MChr. 16 Z. 7, Rein. 18 = MChr. 26 Z. 12. Vgl. WOLFF, Justizwesen 134 Anm. 38.

26 Die Ansicht, die Klausel könne sich nicht auf die in der Quittung genannte Leistung bezogen haben, weil sie dann nur Selbstverständliches ausdrücke, sondern habe sich auf die Quittungsurkunde bezogen (so DÜWEL, Παρεύρεσις-Klausel 45 f.), wird schon durch den Wortlaut der Klausel widerlegt (z. B. Würzb. 6), der auf die erbrachte Leistung abstellt.

teien von früherer Zeit bis zum Tage der Urkundsausstellung, er tritt erstmals im Jahre 102 a. C. auf (Würzb. 6).[27]

Beim Kauf begegnet nur der Grundtyp,[28] bei Vergleichen[29] wie bei Vermögensauseinandersetzungen und Erbteilsverzichten[30] begegnen beide Fassungen.

Im Bereich der Quittungen – auf den wir uns im folgenden beschränken – ist nach der Art des zugrundeliegenden Geschäfts zu scheiden: Der zweite Typ wird verwendet bei der Scheidung stets, beim Darlehen in römischer Zeit regelmäßig,[31] bei den Typen der Misthosis weniger häufig.[32] Die Wendung καὶ οὐδέν σοι ἐγκαλῶ ist in sich indifferent, sie wird aber zum Teil durch den Hinweis auf die erbrachte Leistung auf diese beschränkt,[33] zum Teil durch Anfügung von περὶ οὐδενὸς u. ä. erweitert[34] und entspricht damit wohl dem zweiten Typ. Soweit eine Präzisierung fehlt, läßt die Art der Leistung[35] oder die Form der Urkunde[36] den Schluß auf einen beschränkten Umfang zu.

Die Gründe für das Aufkommen der erweiterten Fassung sind für uns nicht greifbar.[37]

Die Art der Beschreibung des Bereichs der erweiterten Fassung in den Urkunden erlaubt noch Folgerungen auf die zugrundeliegende Denkweise

---

27 Als Beispiel s. oben S. 17 den Wortlaut von SB VI 9619 (184).

28 Vgl. die Listen bei SCHWARZ, Urkunde 172 ff.

29 Grundtyp: Hib. I 96 = CPJ I 18, BGU VI 1249, Ryl. II 181; erweiterte Fassung: Berl. Möller 1, Fam. Tebt. 20.

30 Grundtyp: Lond. III 932 (S. 148); erweiterte Fassung: Mich. V 345, Oxy. XXXI 2583.

31 Ausnahmen: Princ. III 141 (23), Genf. I 26 (125), BGU VII 1658 (234), Oxy. XIV 1716 (333); s. unten Anm. 35, 36.

32 *Pacht/Miete*: Aberd. 65, Corn. 45, Fouad I 56, Mich. III 198, 199; *Lohnzahlung*: BGU VII 1663, Oxy. I 91, XIV 1717.

33 *Darlehen*: Princ. III 141; *Pacht/Miete*: Fay. 96, 98, Cair. Isid. 111, Cair. Goodsp. 27, Lond. II 157 b (S. 216), SB VIII 9707, 9708.

34 *Darlehen*: BGU VII 1656, Mil. Vogl. III 146, Stud. Pal. XXII 172, Ryl. II 174 a; *Pacht/Miete*: Amh. II 104, Mil. Vogl. III 169.

35 *Pacht/Miete*: Straßb. II 125, Amh. II 103, Fior. I 23, BGU III 708, Straßb. II 126, SB VIII 9874, Cair. Isid. 111, hier möglicherweise nur zu beziehen auf die einzelnen Jahresraten. Amh. II 105 — die Quittung für das zweite Jahr einer 2-jährigen Pacht — ist hier ebenfalls einzuordnen, eine Erstreckung auf das ganze Pachtverhältnis ist nicht ersichtlich (s. o. S. 35).

36 *Darlehen*: Genf. I 26, BGU VII 1658 (Cheir.), nicht als Homologie stilisiert, so daß Bedenken hinsichtlich der Bindung an die Erklärung bestehen (vgl. o. S. 65).

37 Den Gedanken einer Übernahme der *stipulatio Aquiliana* schließt schon das Datum des ersten Belegs (Würzb. 6), das Jahr 102 a. C. aus.

der Urkundenschreiber. Auf die Anführung der erbrachten Leistung folgt zumeist περὶ μηδενὸς ἁπλῶς πράγματος, ὀφειλήματος, συναλλάγματος und in den BGU häufig ἀπαιτήματος,[38] in den Scheidungsurkunden auch περὶ μηδενὸς τῶν εἰς συμβίωσιν ἀνηκόντων. Über eine Aufzählung der konkret anschaulichen Momente gelangte man hierbei nicht hinaus. Συνάλλαγμα bezeichnet nur allgemein jeden Haftungstatbestand,[39] ὀφείλημα nur den Reflex der Haftung,[40] beide aber nicht eine Schuld im Sinne der modernen Dogmatik. Nicht als Schuld ist wohl auch der Sinn von ἀπαίτημα zu fassen, sondern nur als Gegenstand einer ἀπαίτησις, die mit der πρᾶξις gleichgesetzt wird[41] und von Pollux auch so erklärt wird.[42] Der Katalog bringt damit eine uneinheitliche Aufzählung, die bald auf das Objekt der Vollstreckung, bald auf den haftungsbegründenden Tatbestand, bald auf irgendeinen beliebigen Anlaß abstellt, aber dadurch auch erkennen läßt, daß ein tieferes Eindringen in die Struktur eines Forderungsrechts oder auch nur einer Haftungsunterwerfung und ihre systematische Erfassung noch nicht gelungen war. Als kleinster gemeinsamer Nenner läßt sich nur eine prozessual gedachte mögliche Haftung und deren Durchsetzung finden, aber das ist keine theoretische Erkenntnis der Quellen, die auch zum Ausdruck gebracht worden wäre.[43]

c) Die Wirkung des Verzichts wird relativ selten, überwiegend noch in ptolemäischer Zeit in der Urkunde festgesetzt: ἡ ἔφοδος ἄκυρος ἔστω.[44] Soweit dies nicht geschehen war, wird die Wirkung keine andere gewesen sein, allerdings fehlen uns Belege eines trotzdem eingeleiteten Angriffs gegen den Schuldner, die darüber Aufschluß geben könnten. Nachrichten über ein der attischen παραγραφή entsprechendes Verfahren in Ägypten fehlen eben-

---

38 BGU IV 1102, 1113, 1164, 1165, 1168, auch PSI VII 775 (III); Straßb. III 142 (391) in Verbindung mit μηδένα λόγον ἔχειν.

39 Vgl. Wolff, SZ 74 (1957) 62 Anm. 84.

40 Vgl. Darlehen 114.

41 S. die Belege bei Schwarz, Urkunde 52 Anm. 2, insbesondere Oxy. II 272 Z. 13. Vgl. auch den Auftrag zur Schuldeintreibung Fouad I 35 (48): ἐκπράξαντα καὶ ἀπαιτήσοντα κτλ.

42 Onomast. 5, 103: συνωνύμων ὀνόματα: ἀπαίτησις, πρᾶξις, εἴσπραξις.

43 Das bestätigt die Auffassung Wolffs, Studi Koschaker II 413, daß der griechischen Sprache ein Wort für die „Haftung" gefehlt habe.

44 *Darlehen:* Grenf. II 26, 30; Würzb. 6, Ryl. IV 588, SB VI 9405 (alle pt.); Mich. III 194 (61), SB VIII 9765 (81), Oxy. X 1282 (83); *Scheidung*: Oxy. II 268 (58), VI 906 (II/III), Dura 31 (204), 32 (254).

falls.[45] Der Verfall der zuweilen vereinbarten Strafklausel[46] hindert lt. ausdrücklicher Anordnung mancher Urkunden[47] nicht den weiteren Bestand des Klageverzichts. Straf- und μηδὲν ἧσσον-Klausel kommen in Ägypten mit dem Ende des 1. Jahrhunderts allmählich außer Übung;[48] das wird aber nur bedeuten, daß die etwas archaisch anmutende μηδὲν ἧσσον-Klausel[49] überflüssig wurde und nicht, daß der Klageverzicht nach der einmaligen Verletzung erschöpft ist.

2. Unsere Annahme eines Verzichts auf jegliches Vorgehen gegen den Schuldner wird durch die Vorbehaltsklausel bestätigt.

Drei Formen sind üblich:

a) μὴ ἐλαττουμένου τοῦ Gläubiger ὑπὲρ ὧν ὀφείλει ὁ Schuldner (Mich. V 333, Darlehensvertrag, 52);

b) μενόντος τοῦ λόγου τῶι Gläubiger περὶ ὧν ἄλλων ὀφείλει ὁ Schuldner (Fay. 90, Darlehensvertrag, 234);

c) χωρὶς ἄλλων ὧν ὀφείλει ὁ Schuldner (PSI IX 1028, Darlehensvertrag, 15).

Form a) und b) finden Anwendung in Verträgen[50] und Quittungen[51], Form c) nur in Verträgen.[52] Sie heben eine andere Schuld von der in der betreffenden Urkunde geregelten ab und stellen klar, daß der Gläubiger nicht beeinträchtigt sein soll. Die Verwendung in Vertragsurkunden interessiert hier nicht

[45] S. auch WOLFF, Paragraphe 14 Anm. 25 über andere Fälle einer δίκη μὴ εἰσαγώγιμος.

[46] *Darlehen*: s. Anm. 25 und BGU IV 1148, 1150 I, 1152, 1153 II, 1154, 1164, 1165, 1167, 1168, 1173, 1174; *Scheidung*: BGU IV 1102, Dura 31, 32.

[47] Grenf. II 26, 30; SB VI 9405, Mich. III 194, SB VIII 9765, Oxy. X 1282 und die in Anm. 46 genannten BGU.

[48] HÄSSLER, Kyriaklausel 14 ff.

[49] PARTSCH, Arch. 5 (1913), 480 f.; die Klausel geht wohl noch auf eine Zeit zurück, in der die Zahlung des Lösegelds von der weiteren Haftung befreite.

[50] μ. ἐ.: Der älteste Beleg ist Fouad I 35 (48); Mich. V 282, 333; Oslo 40 B, Mert. I 14, Oxy. III 506, SB I 5241, BGU III 741 = MChr. 244.

μ. τ. λ.: Der älteste Beleg ist Fior. III 370 (132); BGU I 272 = MChr. 143, Fay. 90, PSI VI 702.

[51] μ. ἐ.: Der älteste Beleg ist BGU IV 1155 (10 a.); BGU I 155, II 636, Lond. II 178 (S. 207), 341 (S. 213), 343 (S. 213), PSI V 473, X 1131, 1140, Fam. Tebt. 9, SB VI 9201.

μ.τ.λ.: Der älteste Beleg ist Harr. 66 (155); BGU VII 1657, 1662; Fam. Tebt. 53; Stud. Pal. XX 13 Vo, 18.

[52] Z. B. PSI IX 1028 (15); BGU III 857; PSI VII 802, VIII 929; Ryl. II 176, SB VI 9190, Warren 8.

weiter.[53] Form a) und b) begegnen in den Quittungen im Anschluß an eine Nichtangriffsklausel und auch allein. Die Nichtangriffsklausel erfaßt in diesen Fällen nur den leistenden Schuldner, nicht aber bei Miterben oder Gesamtschuldnern die anderen Schuldner, der Vorbehalt erstreckt sich nur auf diese;[54] bei Teilleistung durch einen Alleinschuldner treten Vorbehalts- hinsichtlich des Restes und Nichtangriffsklausel für den erbrachten Teil nur einmal nebeneinander auf.[55] Bei den übrigen Teilleistungen erscheint die Vorbehaltsklausel unabhängig.[56] Die Klausel wird selbständig oder unselbständig keine andere Bedeutung gehabt haben als die auch sonst vorkommende Klarstellung des noch verbleibenden Restes einer Schuld. Erforderlich war sie wohl nicht, auch nicht bei der umfassenden Gestalt der Nichtangriffsklausel, da diese personell auf den leistenden Schuldner und die παρ᾽ αὐτοῦ beschränkt war.

Einen Hinweis auf den Grund ihres Aufkommens gibt aber die Tatsache, daß sie in ptolemäischer Zeit nicht begegnet, in der der umfassende Typ der Nichtangriffsklausel erst relativ spät auftritt. Der Gedanke einer zusätzlichen Klarstellung der Rechtslage kann auf den offensichtlichen Zug der Zeit, jeweils bei Abschluß eines Geschäfts beliebiger Art in einer Urkunde alle Rechtsbeziehungen zwischen den Parteien zu bereinigen, zurückzuführen sein. Es besteht somit eine gewisse Wahrscheinlichkeit, daß die Vorbehaltsklausel das Gegenstück zur Nichtangriffsklausel ist. Das wird noch deutlicher, wenn zuweilen hervorgehoben wird, daß der Gläubiger μὴ ἐλαττου-

---

[53] In der Literatur behandelte man diese Klausel vornehmlich unter dem Gesichtspunkt einer *datio in solutum* (SAN NICOLO, Kritische Vierteljahresschrift 19, 1922, 67; PARTSCH, Arch. 5, 1913, 513; WEGENER, Lugd. Bat. XIII S. 50 f.) oder der Novation (GRADENWITZ, Einführung 31 f.). Auf die *datio in solutum* kann hier nicht eingegangen werden; Belege für eine evtl. Quittierung sind mir nicht bekannt geworden und nur diese wären hier von Belang, die *datio* selbst folgt den Regeln des entsprechenden Geschäfts. Die Einführung der Klausel zur Klarstellung, daß mit der betreffenden Urkunde keine Novation bezweckt wurde, erscheint sinnvoll angesichts der Praxis der römischen Zeit, die nicht den ptolemäischen Brauch einer Identifikation von alter und neuer Schuld durch τοῦτο δ᾽ἐστίν übte.

[54] BGU IV 1155, PSI X 1140, SB VI 9201, Stud. Pal. XX 13 Vo; in Fam. Tebt. 9 wird eine Forderung der Mutter der Gläubiger vorbehalten, wohl in Verbindung mit einem Erbfall. In BGU VII 1657 hat der Gläubiger anscheinend ganz bewußt keine Nichtangriffsklausel abgegeben.

[55] BGU VII 1662.

[56] Lond. II 178 (S. 207), 341, 343 (S. 213), BGU I 155, PSI V 473, Harr. 66, Fam. Tebt. 53, Stud. Pal. XX 18.

μένου ἐν τῆι πράξει[57] sein solle. Damit wird unsere Auffassung von der Nichtangriffsklausel als einer Klageverzichtserklärung bestätigt, da in der Vorbehaltsklausel nicht eine Forderung, sondern nur die Vollstreckungsmöglichkeit vorbehalten wird.

3. Die Bedeutung des Klageverzichts ist zunächst für den Grundtyp festzustellen. Die Nichtangriffsklausel ist nur für Fälle bezeugt, in denen eine πρᾶξις üblich oder für die die Existenz einer δίκη wahrscheinlich ist.[58] Als eigenständige Klausel tritt die Erklärung zu der über den Empfang der Leistung hinzu; sie kann unabhängig von einem konkreten Geschäftsvorgang abgegeben werden[59] und sich auch an Vergleiche, Auseinandersetzungen und Kaufverträge anschließen. Der nicht auf einzelne, zu trennende Ansprüche abstellende Wortlaut verbietet m. E. auch, die Erklärung als dispositiven oder besser konstitutiven Schulderlaßvertrag zu fassen, der unabhängig von dem Erlöschen der Obligation dann eintritt, wenn die Leistung einmal nur fiktiv erbracht wurde.[60] Gegen eine solche Bestimmung spricht ferner, daß ein derartiger Schulderlaß dann nicht nötig war, wenn die Quittung eine öffentliche Urkunde oder eine private Urkunde mit Kyriaklausel war und der Empfang der Leistung gegen die Quittung nicht bestritten werden konnte. Die Erklärung wird nur dann voll verständlich, wenn man sie von der „Erfüllung“ trennt, die nur den Anlaß zu ihrer Abgabe darstellt. Zwischen beiden Akten besteht nach der hier vertretenen Auffassung kein Rang- oder Ergänzungsverhältnis, sondern sie liegen auf zwei verschiedenen

---

57 PSI V 473 (168—173), Fouad I 35 (48), Oslo 40 B (150), Mert. I 14 (103), BGU II 636 (20); Oxy. III 506 = MChr. 248 (143), SB I 5241 (I).

58 1. Eine Durchsicht des Materials ergab, daß die Praxisklausel in folgenden Fällen fehlt – ausgedrückt in Bruchteilen des erhaltenen Urkundenmaterials –:

	ptol. Zeit	I.	II.	III. Jh.
a) Darlehen	nie	1/8	1/6	nie
b) Depositum	–	nie	1/3	nie
c) Eheverträge	nie	nie	1/10	nie

Eine δίκη ist für diese Geschäfte nicht bekannt, s. Darlehen 106 f., Häge, Ehegüterrechtliche Verhältnisse 82 ff.

2. Bei den Typen der μίσθωσις ist die Frage noch nicht endgültig geklärt, zumindest für Pacht und Miete ist eine δίκη καρποῦ bzw. eine δίκη ἐνοικίου möglich, vgl. Wolff, SZ 74 (1957) 40 ff., Eranion Maridakis I 91, eine Praxisklausel wird aber relativ häufig vereinbart.

3. Zum Rechtsschutz des Eigentümers vgl. Kränzlein, Eigentum und Besitz 140 ff.

59 BGU IV 1160 (5 a.), Ryl. II 180 (124).

60 So Schwarz, Urkunde 115; zu dinglichen Ansprüchen s. ebenda, S. 156.

Ebenen: Der Klageverzicht ist ein rein prozessuales Mittel, während die Bewirkung der Leistung als haftungshinderndes Moment insoweit materiellen Charakter hat.[61] [62]

Die Erweiterung der einfachen, nur auf die erbrachte Leistung beschränkten Fassung zu einer allumfassenden Klausel, die zu einer Generalbereinigung des Verhältnisses zwischen den Parteien führt, geschah bezeichnenderweise ebenfalls in den prozessualen Formen des Klageverzichts durch bloße Ausdehnung des sachlichen Umfangs, aber nicht durch einen Verzicht auf materiellrechtliche Forderungen.[63]

§ 9 Die Aufhebung von Verträgen

Unter der Überschrift „Aufhebung eines Vertrags" oder „Vertrag mit einer Amme" wurden in BGU IV einige Urkunden ediert, die aber im Formular den Quittungen sehr ähnlich sind. Auf die offenkundige Verbindung von Quittung und Schuldaufhebungsvertrag i. S. der modernen Dogmatik wurde man bislang in der Literatur nicht aufmerksam.[1]

1. Im einzelnen handelt es sich um folgende Fälle:

a) BGU IV 1110 (5 a.): Eine Amme bestätigt den Empfang des ihr gebührenden Lohns, der Herr des Kindes dessen Rückgabe, beide Parteien geben gegenseitige Nichtangriffserklärungen ab. Als Grund wird vorweggenannt, daß der Amme nach Beginn der Nährung die Milch verdorben sei.[2]

---

[61] Die Klageverzichtserklärung des Verkäufers sollte im Zusammenhang mit dem Kreditkauf noch einmal überprüft werden. Wenn der Käufer in diesen Fällen vielleicht auch nicht das Eigentum erwarb (PRINGSHEIM, GLS 203, 248, 266, 380 und zweifelnd WOLFF, SZ 74, 1957, 30 Anm. 12), so hatte er doch unter Umständen durch die vom Verkäufer abgegebene Erklärung des Klageverzichts schon eine prozessual nicht angreifbare Position erworben; vgl. auch SAN NICOLO, Schlußklauseln 104 für das babylonische Recht.

[62] Von der βεβαίωσις unterscheidet sich der Klageverzicht dadurch, daß es sich dort um die Abwehr Dritter handelt, hier um ein eigenes Unterlassen des Erklärenden; in diesem Sinne zumindest für die ptolemäische Zeit HERRMANN, Bodenpacht 158 ff., s. auch WOLFF, Beiträge 139 ff.

[63] Der Unterschied tritt bei einem Vergleich mit der modernen Ausgleichsquittung des Arbeitsrechts klar hervor, wenn diese auch im Umfang auf das Arbeitsverhältnis beschränkt ist.

[1] S. nur ADAMS, Paramone 132.

[2] S. statt aller ADAMS, aaO. 163.

b) BGU IV 1111 (15 a.): Eine Partei bestätigt den Empfang von Kostgeld für ein Kind, das sie in Pflege hatte, die Nichtangriffsklausel wird erklärt; die andere Partei bestätigt nur den Empfang des Kindes.[3]

c) BGU IV 1112 (4 a.): Der Herr einer Amme quittiert den Empfang des vereinbarten Lohns und gibt die Nichtangriffserklärung ab; die Rücknahme des Sklavenkindes wird ebenfalls erklärt.

d) BGU IV 1124 (18 a.): Ein Lehrherr erhält vom Vater des Lehrlings 100 Drachmen zurück, die er diesem als Darlehen – im Rahmen eines Lehrlingsvertrags – gegeben hatte, wegen des Betrags verzichtet der Lehrherr auf ein Vorgehen gegen den Gegner. Die ἄκυρος-Eigenschaft der Urkunde über den Lehrvertrag wird zugestanden. Der Vater des Lehrlings kann den Sohn anderweitig in die Lehre geben.[4]

Der Anlaß des Geschäfts wird nur in Nr. 1110 angegeben; man könnte ihn als einen Fall subjektiver Unmöglichkeit bezeichnen; ob sie zu vertreten war oder nicht, läßt sich nicht sagen.[5] Der Hinweis auf die noch nicht bestehende Urkunde bedeutet aber wohl nicht, daß ein Vertrag noch nicht zustande gekommen war, denn das Verhältnis hatte schon 8 Monate bestanden und der Ammenvertrag kam schon mit der Übergabe des Kindes bzw. dem Empfang des Lohnes zustande.[6] Damit ist nur der Grund der Quittung angegeben, aber eine Folge für das zugrundeliegende Ammenverhältnis wird nicht gezogen. In Nr. 1124 läßt nur die Gestattung des Abschlusses eines neuen Lehrverhältnisses den Grund erkennen: Der Lehrherr hatte anscheinend den Lehrling nicht genügend unterwiesen.

2. Soweit sich erkennen läßt, ist allen Fällen gemeinsam, daß es sich um die vorzeitige Beendigung eines auf längere Dauer angelegten Verhältnisses handelt. Auf die Aufhebung der bestehenden Vertragsverhältnisse und die Beseitigung der daraus folgenden Pflichten wird nicht eingegangen, vielmehr nur der Empfang von Leistungen bestätigt. Wir können die Urkunden also ihrem Erscheinungsbild nach als Quittungen ansehen, die nur insoweit nach unserer Auffassung Vertragscharakter haben, als Nichtangriffsklauseln vereinbart wurden, nach griechischer Auffassung aber handelt es sich um Geständnisse.

---

[3] ADAMS, aaO. 163.

[4] ADAMS, aaO. 131, der von der Aufhebung eines Lehrvertrages mit παραμονή spricht.

[5] Es gehörte zu den üblichen Pflichten der Amme, ihre Stillfähigkeit für die Dauer des Ammenverhältnisses nicht zu beeinträchtigen, z. B. durch Verkehr mit einem Manne.

[6] Vgl. HERRMANN, SZ 76 (1959) 490 ff., ADAMS aaO. 156 ff.

Die Abreden der Parteien, die zur Rückgabe der Kinder führten, sind nicht ersichtlich; ihnen kam wohl auch keine für die Rechtswirkungen entscheidende Bedeutung bei. An eine Aufhebung eines Vertragsverhältnisses wurde anscheinend nicht gedacht, sondern allein an die Beseitigung der tatsächlichen Folgen eines Verhältnisses. Entsprechend der Natur des Ammen- bzw. Lehrlingsvertrags als Zweckverfügung konnte auch die Beseitigung geschehen durch Rücknahme des Kindes und durch den darin zu sehenden einseitigen Verzicht auf eine Einhaltung festgesetzter Bedingungen.[7]

3. Dieses Ergebnis wird durch BGU IV 1163 (16–13 a.), eine Synchoresis bestätigt. Der Fall ist etwas anders gelagert: Es handelt sich wohl um die Aufhebung eines Lieferungskaufs.[8] D hat die von ihm und P als Preis für Papyrus gezahlten 300 Drachmen von Ph zurückbekommen; eine Lieferung war offensichtlich nicht erfolgt. D gesteht zu, seinerseits jedes Vorgehen gegen Ph zu unterlassen und auch dafür zu sorgen, daß P nicht gegen Ph vorgeht. Zu Lasten des D wird eine Strafklausel für den Fall der Zuwiderhandlung oder eines Angriffs durch P aufgenommen.

Entgegen den obengenannten BGU bildet hier die Quittierung des Empfangs des Geldes nicht den Hauptinhalt der Urkunde; die Rückzahlung der Summe ist nur der Anlaß für die Abgabe der Nichtangriffserklärung durch D und die Zusage, daß D auch den P dazu veranlassen werde.[9] Die Unterlassung jeglichen Vorgehens ist also der eigentliche Inhalt des Geschäfts – gesichert durch eine entsprechende Strafklausel –. Von einer Aufhebung eines Vertrags wird nicht gesprochen, ebenso wenig vom Erlöschen einer Leistungspflicht des Ph, sondern nur von der Rückgabe des früher geleisteten Kaufpreises und der Wirkungslosigkeit der Bankdiagraphai.

---

[7] S. auch die Rücktrittsabrede in Rein. II 103 = SB V 7619 (26): Wenn die Amme nach dem Tode des Säuglings kein anderes Kind annehmen will, hat sie den bereits im voraus empfangenen Lohn anteilsmäßig zurückzuzahlen.

[8] So Pringsheim, GLS 277 f., entgegen Schubart im Kommentar zu Zeile 5 und Weber, OR 55 ff. Zur Gestaltung und Entwicklung solcher Verträge aus dem Darlehen siehe Darlehen, 127 f.

[9] Διά in Z. 7 bezieht sich auch noch auf ἀ(πεσ)χηκ(έναι) in Z. 8.

LITERATUR- UND ABKÜRZUNGSVERZEICHNIS

Adams, Paramone	Adams, B., Paramone und verwandte Texte. Studien zum Dienstvertrag im Recht der Papyri (Neue Kölner Rechtswissenschaftliche Abhandlungen, Heft 35), Berlin 1964
Aegypt.	Aegyptus. Rivista Italiana di Egittologia e di Papirologia
Amelotti, testamento	Amelotti, M., Il testamento romano attraverso la prassi documentale I. Le forme classiche di testamento, Florenz 1966
Arch.	Archiv für Papyrusforschung und verwandte Gebiete.
Bähr, Anerkennung	Bähr, O., Die Anerkennung als Verpflichtungsgrund, 3. Aufl., Leipzig 1894
Behrend, D., Pachturkund.	Behrend, Diederich, Attische Pachturkunden; Ein Beitrag zur Beschreibung der μίσθωσις nach den griechischen Inschriften (Vestigia, Band 12), München 1970
Behrend, Quittung	Behrend, R., Zur Geschichte der Quittung, Berliner Jur. Diss. 1896
Berger, Strafklauseln	Berger, A., Die Strafklauseln in den Papyrusurkunden. Ein Beitrag zum graeco-aegyptischen Obligationenrecht, Berlin 1911
Bidr	Bolletino dell' Istituto di Diritto Romano
Böhm, P. Vars.	Böhm, R., Kritische Bemerkungen zum Pap. Varsoviensis 10. Mainzer Phil. Diss. 1961
Byz. Zschr.	Byzantinische Zeitschrift
Cantarella, fideiiussione	Cantarella, E., La fideiiussione reciproca, Mailand 1965
Chron. d. Eg.	Chronique d'Egypte
Darlehen	s. Rupprecht, Darlehen
Düwel, Παρεύρεσις-Klausel	Düwel, H. C., Die Παρεύρεσις-Klausel in Urkunden des ptolemäischen und römischen Aegypten; jur. Diss. Köln 1969
Enn.-Lehmann	Enneccerus-Lehmann, Recht der Schuldverhältnisse. Ein Lehrbuch, 15. Bearbeitung, Tübingen 1958
Eranion Maridakis I	Eranion in honorem Georgii S. Maridakis. Vol. I Historia juris. Athen 1963
Esser, Schuldrecht	Esser, J., Schuldrecht, Bd. I, Allgemeiner Teil, 3. Aufl., Karlsruhe 1968
Festschr. F. v. Hippel	Festschrift für Fritz von Hippel zum 70. Geburtstag, Tübingen 1967
Festschr. Koschaker	Festschrift Paul Koschaker, Weimar 1939
Festschr. Lenel	Festschrift für Otto Lenel, Leipzig 1921
Festschr. Nipperdey	Festschrift für C. Nipperdey zum 70. Geburtstag, München 1965
Festschr. Taubenschlag	Symbolae Raphaeli Taubenschlag dedicatae (= Eos 48), Warschau 1957

Freundt, Wertpapiere	Freundt, C., Wertpapiere im antiken und frühmittelalterlichen Rechte, 1. Band, Leipzig 1910
Geginat, Prodoma	Geginat, V., Prodoma in den Papyri aus dem ptolemäischen und römischen Ägypten, Kölner Jur. Diss. 1964
Gernet, Droit et soc.	Gernet, L., Droit et société dans la Grèce ancienne, Paris 1955
GGA	Göttingische Gelehrte Anzeigen
Gradenwitz, Einführung	Gradenwitz, O., Einführung in die Papyruskunde, 1. Heft Erklärung ausgewählter Urkunden, Leipzig 1900
Häge, Ehegüterrechtliche Verhältnisse	Häge, G., Ehegüterrechtliche Verhältnisse in den griechischen Papyri Ägyptens bis Diokletian (Graezistische Abhandlungen, Bd. 3), Köln 1968
Hässler, Kyria-Klausel	Hässler, M., Die Bedeutung der Kyria-Klausel in den Papyrusurkunden (Berliner Juristische Abhandlungen 3), Berlin 1960
Hellebrand, Prozeßzeugnis	Hellebrand, W., Das Prozeßzeugnis im Rechte der graecoaegyptischen Papyri I (Münchener Beiträge ... Heft 18), München 1934
Herrmann, Bodenpacht	Herrmann, J., Studien zur Bodenpacht im Recht der graecoaegyptischen Papyri (Münchener Beiträge ..., Heft 41), München 1958
JJP	Journal of Juristic Papyrology
Jura	Jura, Rivista internazionale di diritto romano e antico
Kalen, P. Berl. Leihg.	Kalen, T., Berliner Leihgabe griechischer Papyri I, Uppsala 1932
Kaser, RPR	Kaser, M., Das römische Privatrecht (Handbuch der Altertumswissenschaft 10. Abt., 3. Teil, 3. Band) München 1955, 1959
Kaser, RZP	Kaser, Max, Das römische Zivilprozeßrecht (Handbuch der Altertumswissenschaft, 10. Abt., 3. Teil, 4. Bd.), München 1966
Koenen, Ptol. Königsurkunde	Koenen, L., Eine ptolemäische Königsurkunde (P. Kroll) (Klassisch-Philologische Studien, Heft 19), Wiesbaden 1957
Kränzlein, Eigentum	Kränzlein, A., Eigentum und Besitz im griechischen Recht des 5. und 4. Jh. v. Chr. (Berliner Juristische Abhandlungen 8), Berlin 1963
Krauss, 'Αναγραφή	Krauss, H. W., 'Αναγραφή und ἀναγράφειν im Ägypten der Griechen und Römer, Kölner Jur. Diss. 1967
Kreller, Erbrechtl. Untersuchungen	Kreller, H., Erbrechtliche Untersuchungen aufgrund der graeco-aegyptischen Papyrusurkunden, Leipzig 1919
Kühnert, Kreditgeschäft	Kühnert, H., Zum Kreditgeschäft in den hellenistischen Papyri Ägyptens bis Diokletian, Freiburger Jur. Diss. 1965
Kunkel, RPR	Jörs-Kunkel-Wenger, Römisches Recht, 3. Aufl., Heidelberg 1949
Larenz, Schuldrecht AT	Larenz, K., Lehrbuch des Schuldrechts, Bd. 1, Allgemeiner Teil, 9. Aufl., München 1968

Levy, Ehescheidung	Levy, E., Der Hergang der römischen Ehescheidung, Weimar 1925
Lipsius, AR	Lipsius, J., Das attische Recht und Rechtsverfahren, mit Benutzung des attischen Prozesses von M. H. E. Meier und G. F. Schömann, Leipzig 1905—1915
Liddell-Scott	A Greek-English Lexicon. Compiled by H. J. Liddell and R. Scott. A new edition reviewed and augmented throughout by H. S. Jones
Mayser, Gr. Gramm.	Mayser, E., Grammatik der griechischen Papyri aus der Ptolemäerzeit, mit Einschluß der gleichzeitigen Ostraka und der in Ägypten verfaßten Inschriften, Leipzig 1904—1934
Merklein, Ehescheidung	Merklein, A., Das Ehescheidungsrecht nach den Papyri der byzantinischen Zeit. Erlanger Jur. Diss. 1967
Meyer, JP	Meyer, P. M., Juristische Papyri. Erklärung von Urkunden zur Einführung in die juristische Papyruskunde, Berlin 1920
Mitteis, Grundzüge	Mitteis, L., Wilcken, U., Grundzüge und Chrestomathie der Papyruskunde. 2. Bd.: Juristischer Teil, 1. Hälfte Grundzüge, Leipzig 1912
MChr	Mitteis, ... 2. Bd.: Juristischer Teil, 2. Hälfte Chrestomathie
Palandt	Palandt, Bürgerliches Gesetzbuch, bearb. von Danckelmann u. a., 27. Aufl., München 1968
Paoli, Processo	Paoli, U., Studi sul processo attico, Padua 1933
Paoli, Diritto	Paoli, U., Studi di diritto attico, Florenz 1930
Partsch, Gr. Bürgersch. R	Partsch, J., Griechisches Bürgschaftsrecht, 1. Teil, Das Recht des altgriechischen Gemeindestaates, Leipzig 1909
Préaux, L'économie	Préaux, C., L'économie royale des Lagides, Brüssel 1939
Preisigke, Girowesen	Preisigke, F., Girowesen im griechischen Ägypten, enthaltend Korngiro, Geldgiro, Girobanknotariat mit Einschluß des Archivwesens, Straßburg 1910
Preisigke, WB	Preisigke, F., Wörterbuch der griechischen Papyrusurkunden mit Einschluß der griechischen Inschriften, Aufschriften, Ostraka, Mumienschilder usw. aus Ägypten. Herausgegeben von E. Kießling, Berlin 1925 ff.
Pringsheim, GLS	Pringsheim, F., The greek law of sale, Weimar 1950
RE	Pauly-Wissowa, Realenzyclopädie der klassischen Altertumswissenschaft, Stuttgart
RIDA	Revue internationale des droits de l'antiquité, Brüssel
Rosenberg, ZPR	Rosenberg, L., Lehrbuch des deutschen Zivilprozeßrechts, 8. Aufl., München 1960
Rupprecht, Darlehen	Rupprecht, H. A., Untersuchungen zum Darlehen im Recht der graeco-aegyptischen Papyri der Ptolemäerzeit (Münchener Beiträge ... Heft 51), München 1967
San Nicolò, Schlußklauseln	San Nicolò, M., Die Schlußklauseln der altbabylonischen Kauf- und Tauschverträge, Ein Beitrag zur Geschichte des Barkaufs (Münchener Beiträge ..., 4. Heft), München 1922

SCHMITZ, Ἡ πίστις	Schmitz, W., Ἡ πίστις in den Papyri, Kölner Jur. Diss. 1964
SCHWARZ, Hypothek	Schwarz, A. B., Hypothek und Hypallagma, Leipzig 1911
SCHWARZ, Urkunde	Schwarz, A. B., Die öffentliche und private Urkunde im römischen Ägypten. Studien zum hellenistischen Privatrecht (Abh. der Phil.-hist. Klasse der sächs. Akademie der Wissenschaften, Bd. 31 Nr. 3), Leipzig 1920
SCHWARZ, Condictio	Schwarz, F., Die Grundlagen der condictio im klassischen römischen Recht (Forschungen zum römischen Recht, 5. Abh.), Münster 1952
SCHWYZER, Gr. Gramm	Schwyzer, E., Griechische Grammatik (Handbuch der Altertumswissenschaft, 2. Abt., 1. Teil, 1. Bd.), 3. Aufl. München 1959
SDHI	Studia et documenta historiae et iuris
SEIDL, Eid	Seidl, E., Der Eid im ptolemäischen Recht, Münchener Jur. Diss. 1929
SEIDL, RG^1	Seidl, E., Ptolemäische Rechtsgeschichte, Erlangen o. J.
, RG^2	Ptolemäische Rechtsgeschichte, 2. Aufl. (Ägyptologische Forschungen, Heft 22), Glückstadt 1962
SELB, Syr. röm. Rechtsbuch	Selb, W., Zur Bedeutung des syrisch.-römischen Rechtsbuches (Münchener Beiträge ... 49. Heft), München 1964
SEMEKA, Prozeßrecht	Semeka, G., Ptolemäisches Prozeßrecht. Studien zur ptolemäischen Gerichtsverfassung und zum Gerichtsverfahren, Heft 1, München 1913
SIMON, Stipulationsklausel	Simon, D., Studien zur Praxis der Stipulationsklausel (Münchener Beiträge ... 48. Heft), München 1964
SOERGEL-SIEBERT	Soergel-Siebert, Bürgerliches Gesetzbuch, 9. Aufl., Stuttgart 1959 ff.
VAN SOEST, Ἐγγύη	Van Soest, H. W., De civilrechtelijke ἐγγύη (Garantieovereenkomst) in de griekse Papyri uit het ptolemaeische Tijdvak (Studia et documenta ad iura Orientis Antiqui pertinentia, Vol. VII), Leiden 1963
SOLAZZI, L'estinzione	Solazzi, S., L'estinzione dell' obbligazione nell diritto romano, Vol. I, 2. Aufl., Neapel 1935
STEINACKER, Grundlagen	Steinacker, H., Die antiken Grundlagen der frühmittelalterlichen Privaturkunde, Leipzig 1927
STEINWENTER, Streitbeendigung	Steinwenter, A., Die Streitbeendigung durch Urteil, Schiedsspruch und Vergleich nach griechischem Recht (Münchener Beiträge ... 8. Heft), München 1925
Studi Albertoni	Studi in memoria di A. Albertoni, Padua 1935
Studi Calderini-Paribeni	Studi in onore di A. Calderini e R. Paribeni, Mailand 1956
Studi Koschaker	L'Europa e il diritto romano. Studi in memoria di Paolo Koschaker, Mailand 1954
Studi Solazzi	Studi in onore di Siro Solazzi, Neapel 1948
SUDHOFF, Ärztliches	Sudhoff, Ärztliches aus den griechischen Papyrusurkunden, Leipzig 1909

SZ	Zeitschrift der Savigny-Stiftung für Rechtsgeschichte, Roman. Abt.
Taubenschlag, Law	Taubenschlag, R., The Law of greco-roman Egypt in the light of the papyri. 332 B. C. — 640 A. D., 2. Aufl., Warschau 1955
Taubenschlag, RPR	Taubenschlag, R., Das römische Privatrecht zur Zeit Diokletians. Extrait du Bulletin de l'Academie Polonaise des Sciences et des Lettres, Cracovie 1919—1920, Krakau 1920
TS	Tijdschrift voor Rechtsgeschiedenis
Wascynski, Bodenpacht	Wascynski, S., Die Bodenpacht (Agrargeschichtliche Papyrusstudien), Vol. I Privatpacht, Leipzig 1905
Weber, OR	Weber, F., Untersuchungen zum graeco-aegyptischen Obligationenrecht, Modalitäten der Leistung im Rechte der Papyri (Münchener Beiträge . . . 15. Heft), München 1932
Weiss, Gr. Pr. I	Weiß, E., Griechisches Privatrecht auf rechtsvergleichender Grundlage, Bd. I, Allgemeine Lehren, Leipzig 1923
Wenger, Stellvertretung	Wenger, L., Die Stellvertretung im Rechte der Papyri, Leipzig 1906
v. Woess, Asylwesen	von Woess, F., Das Asylwesen Ägyptens in der Ptolemäerzeit und die spätere Entwicklung. Eine Einführung in das Rechtsleben Ägyptens, besonders der Ptolemäerzeit (Münchener Beiträge . . . 5. Heft), München 1923
v. Woess, Urkundenwesen	von Woess, F., Untersuchungen über das Urkundenwesen und den Publizitätsschutz im römischen Ägypten (Münchener Beiträge . . . 6. Heft), München 1924
Wolff, Beiträge	Wolff, H. J., Beiträge zur Rechtsgeschichte Altgriechenlands und des hellenistisch-römischen Ägypten (Forschungen zum römischen Recht, 13. Abh.), Weimar 1961
Wolff, Justizwesen	Wolff, H. J., Das Justizwesen der Ptolemäer (Münchener Beiträge . . . 44. Heft), München 1962
Wolff, Paragraphe	Wolff, H. J., Die attische Paragraphe (Graezistische Abhandlungen, Bd. 2), Weimar 1966
Wolff, Written and unwritten marriages	Wolff, H. J., Written and unwritten marriages in hellenistic and postclassical roman law (Philological Monographs published by the American Philological Association, IX), Haverford 1939
Ztschr. f. Handelsrecht	Zeitschrift für das gesamte Handelsrecht und Konkursrecht
Ztschr. f. vergl. Rechtswissenschaft	Zeitschrift für vergleichende Rechtswissenschaft

SACHREGISTER

A Deutsch — Lateinisch

B *Griechisch*

QUELLENREGISTER

I. Literarische Quellen

II. Papyri und Ostraka

III. Inschriften

IV. Rechtsquellen

MÜNCHENER BEITRÄGE ZUR PAPYRUSFORSCHUNG

und antiken Rechtsgeschichte

1. Heft: *Papyrologische Studien zum byzantinischen Urkundenwesen im Anschluß an P. Heidelberg 311.* Von Ernst v. DRUFFEL. 2., durchges. A. 1970. VII, 105 S. Geh. DM 18.–

2. Heft, II. Teil: *Ägyptisches Vereinswesen zur Zeit der Ptolemäer und Römer.* Vereinswesen und Vereinsrecht. Von Mariano SAN NICOLO. 1971. 2., durchges. A.

4. Heft: *Die Schlußklauseln der altbabylonischen Kauf- und Tauschverträge.* Ein Beitrag zur Geschichte des Barkaufs. Von Mariano SAN NICOLO. 2., durchges. A. 1971

5. Heft: *Das Asylwesen Ägyptens in der Ptolemäerzeit und die spätere Entwicklung.* Eine Einführung in das Rechtsleben Ägyptens, besonders der Ptolemäerzeit. Von Friedrich VON WOESS. Mit einem Beitrag von E. SCHWARTZ. 1923. XII, 282 S. Geh. DM 12.–

6. Heft: *Untersuchungen über das Urkundenwesen und den Publizitätsschutz im römischen Ägypten.* Von Friedrich VON WOESS. 1924. XX, 389 S. Geh. DM 20.–

7. Heft: *Die Landwirtschaft im hellenistischen Ägypten.* Von Michael SCHNEBEL. I. Band: Der Betrieb der Landwirtschaft. Mit Beiträgen von Walter OTTO und Franz PLUHATSCH. 1925. XIII, 379 S. Geh. DM 21.–

8. Heft: *Die Streitbeendigung durch Urteil, Schiedsspruch und Vergleich nach griechischem Recht.* Von Artur STEINWENTER. 2., durchges. A. 1971 mit einem Nachtrag. XI, 211 S. Geh. DM 38.–

9. Heft: *Totenteil und Seelgerät im griechischen Recht.* Eine entwicklungsgeschichtliche Untersuchung zum Verhältnis von Recht und Religion mit Beiträgen zur Geschichte des Eigentums und des Erbrechts. Von Eberhard Friedrich BRUCK. 1926. 2., durchges. A. 1970. XXIV, 373 S. Geh. DM 58.–

10. Heft: *Der römische Ritterstand.* Ein Beitrag zur Sozial- und Personengeschichte des römischen Reiches. Von Arthur STEIN. 1927. Unveränd. Nachdruck. 1963. XIV, 503 S. Geh. DM 48.–

11. Heft: *Der heutige Stand der römischen Rechtswissenschaft.* Erreichtes und Erstrebtes. Von Leopold WENGER. 2., durchges. A. 1970. X, 113 S. Geh. DM 19.50

12. Heft: *Beiträge zur Geschichte des Bergbaurechts.* Von Ernst SCHÖNBAUER. 1929. XV, 208 S. Geh. DM 12.–

14. Heft: *Platons Gesetze und das griechische Familienrecht.* Eine rechtsvergleichende Untersuchung. Von Walter G. BECKER. 1932. XVI, 363 S. Geh. DM 18.–

15. Heft: *Untersuchungen zum graecoägyptischen Obligationenrecht.* Modalitäten der Leistung im Recht der Papyri. Von Friedrich WEBER. 1932. XII, 215 S. Geh. DM 11.–

16. Heft: *Restituere als Prozeßgegenstand.* Die Wirkungen der litis contestatio auf den Leistungsstand im römischen Recht. 2., durchges. A. mit Nachträgen. 1968. XV, 246 S. Geh. DM 38.–

17. Heft: *Der Eid im römisch-ägyptischen Provinzialrecht.* 1. Teil: Die Zeit von der Eroberung Ägyptens bis zum Beginn der Regierung Diokletians. Von Erwin SEIDL. 1933. X, 147 S. Geh. DM 7.– (2. Teil, 24. Heft, z. Z. vergriffen)

18. Heft: *Das Prozeßzeugnis im Rechte der graeco-ägyptischen Papyri.* I. Teil: Die Funktion des Zeugen im ptolemäischen Verfahrensrecht. Von Walter HELLEBRAND. 1934. XIV, 212 S. Geh. DM 12.–

19. Heft: *Papyri und Altertumswissenschaft.* Vorträge des 3. Internationalen Papyrologentages in München vom 4. bis 7. September 1933. Herausgegeben von Walter OTTO und Leopold WENGER. 1934. XII, 476 S. Mit einer Abb. u. 3 Plänen. Geh. DM 21.–

21. Heft: *Zur Rechtsprechung im Principat des Augustus.* Historische Beiträge. Von Hans VOLKMANN. 2., durchges. u. erw. A. 1969. XIII, 229 S. Geh. DM 34.–

23. Heft: *Quanti ea res est.* Studien zur Methode der Litisästimation im klassischen römischen Recht. Von Max KASER. 1935. IX, 220 S. Geh. DM 12.–

25. Heft: *Zur frühvenetianischen Collegantia.* Von Slavomir CONDANARI-MICHLER. 1937. XIII, 124 S. Geh. DM 7.20

26. Heft: *Die Strategie in der hellenistischen Zeit.* Ein Beitrag zum antiken Staatsrecht. Von Hermann BENGTSON. 1. Band. Verbesserter Neudruck der 1937 erschienenen ersten Aufl. 1964. XII, 238 S. Geh. DM 28.– (2. u. 3. Band s. 32. u. 36. Heft)

29. Heft: *Perduellio.* Eine Studie zu ihrer begrifflichen Abgrenzung im römischen Strafrecht bis zum Ausgang der Republik. Von Christoph Heinrich BRECHT. 1938. XI, 317 S. Geh. DM 14.50

30. Heft: *Untersuchungen zur Tiermiete und Viehpacht im Altertum.* Von Sibylle von BOLLA-KOTEK. 2., durchges. A. 1969. IX, 179 S. Geh. DM 26.–

32. Heft: *Die Strategie in der hellenistischen Zeit.* Ein Beitrag zum antiken Staatsrecht. Von Hermann BENGTSON. 2. Band. Verbesserter Neudruck der 1944 erschienenen ersten Aufl. 1964. XII, 424 S. Geh. DM 48.– (1. u. 3. Band s. 26. u. 36. Heft)

33. Heft: *Der doppelte Ursprung der Mancipatio.* Ein Beitrag zur Erforschung des frührömischen Rechtes unter Mitberücksichtigung des nexum. Von Karl Friedrich THORMANN. 2. A. 1969. XXII, 282 S. Geh. DM 45.–

34. und 35. Heft: *Festschrift für Leopold Wenger* zu seinem 70. Geburtstag, dargebracht von Freunden, Fachgenossen und Schülern. I. Band. 1944. XII, 316 S. u. 1 Bild. Geh. DM 20.–. II. Band. 1945. VIII, 284 S. u. 1 Bild. Geh. DM 17.50

36. Heft: *Die Strategie in der hellenistischen Zeit.* Ein Beitrag zum antiken Staatsrecht. Von Hermann BENGTSON. 3. Band. Verb. Neudruck der 1952 erschienenen ersten Aufl. 1967. XI, 296 S. Geh. DM 35.– (1. u. 2. Band s. 26. u. 32. Heft)

38. Heft: *Beiträge zum Recht der Parapherna.* Eine ehegüterrechtliche Untersuchung. Von Erich GERNER. 1954. IX, 88 S. Geh. DM 8.50

39. Heft: *The Reigns of the Ptolemies.* Von Theodore Cressy SKEAT. 2. Aufl. 1969. VII, 43 S. Geh. DM 8.50

40. Heft: *Rom und Rhodos.* Geschichte ihrer politischen Beziehungen seit der ersten Berührung bis zum Aufgehen des Inselstaates im römischen Weltreich. Von Hatto H. SCHMITT 1957. XV, 223 S. Geh. DM 22.50

41. Heft: *Studien zur Bodenpacht im Recht der graeco-ägyptischen Papyri.* Von Johannes HERRMANN. 1958. XII, 300 S. Geh. DM 28.–

42. Heft: *Die Fahrlässigkeit im byzantinischen Vertragsrecht.* Von Dieter NÖRR. 1960. XV, 224 S. Geh. DM 25.–

43. Heft: *Ptolemaic Chronology.* Von Alan Edouard SAMUEL. 1962. IX, 174 S. Geh. DM 25.–

44. Heft: *Das Justizwesen der Ptolemäer.* Von Hans Julius WOLFF. 2., durchges. A. 1970. XI, 224 S. Geh. DM 35.–

45. Heft: *Zur Haftung der Schiffer im antiken Recht.* Von Christoph Heinrich BRECHT. 1962. VIII, 163 S. Geh. DM 22.–

46. Heft: *Die Haftung für Lucrum Cessans im römischen Recht.* Von Karl-Heinz BELOW. 1964. VIII, 132 S. Geh. DM 19.–

47. Heft: *Katoche, Hierodulie und Adoptionsfreilassung.* Von Lienhard DELEKAT 1964. XIV, 190 S. und 4 Abb. auf Tafeln. Geh. DM 32.–

48. Heft: *Studien zur Praxis der Stipulationsklausel.* Von Dieter SIMON. 1964. XIII, 122 S. Geh. DM 18.–

49. Heft: *Zur Bedeutung des syrisch-römischen Rechtsbuches.* Von Walter SELB. 1964, XII, 284 S. Geh. DM 45.–

50. Heft: *Imperium und Polis in der hohen Prinzipatszeit.* Von Dieter NÖRR. 2., durchges. A. 1969. IX, 135 S. Geh. DM 25.–

51. Heft: *Untersuchungen zum Darlehen im Recht der graeco-ägyptischen Papyri der Ptolemäerzeit.* Von Hans-Albert RUPPRECHT. 1967. IX, 182 S. Geh. DM 26.–

52. Heft: *Das Verhalten der römischen Behörden gegen die Christen im 2. Jahrhundert,* dargestellt am Brief des Plinius an Trajan und den Reskripten Trajans und Hadrians. Von Rudolf FREUDENBERGER. 2., durchges. A. 1969. X, 258 S. Geh. DM 38.–

53. Heft: *Weltbild und Astrologie in den griechischen Zauberpapyri.* Von Hans Georg GUNDEL. 1968. X, 100 S., 1 Tafel. Geh. DM 14.50

54. Heft: *Untersuchungen zum justinianischen Zivilprozeß.* Von Dieter SIMON. 1969. XIX, 394 S. Geh. DM 66.–

55. Heft: *Quod interest im bonae-fidei-iudicium.* Studien zum römischen Schadensersatzrecht. Von Heinrich HONSELL. 1969. XIV, 186 S. Geh. DM 32.–

56. Heft: *Untersuchungen zur Geschichte Ptolemaios' I.* Von Jakob SEIBERT. 1970. XI, 244 S. Geh. DM 40.–

Die Reihe wird fortgesetzt